Martin Stankowski: Einen Türken bauen
Geschichten über Alltagsrituale und Redensarten
Der Grüne Zweig 198

Ein Teil der Geschichten basiert auf Radio-
Kurzbeiträgen des Autors für den WDR, Köln.
Nachwort: Lothar Fend
Korrekturen: Konrad Volz, Gestaltung: Petra Petzold
Umschlaggestaltung: Walter Hartmann
Druck: Fuldaer Verlagsanstalt, Fulda

© Martin Stankwoski

Verlegt durch
Werner Pieper & The Grüne Kraft
MedienXperimente
Alte Schmiede
D-69488 Löhrbach
Fax 0 62 01 / 2 25 85

ISBN 3-925817-98-0

Martin Stankowski

Einen Türken bauen

Geschichten über Alltagsrituale und Redensarten

Der Grüne Zweig 198

Inhalt

Das Alter der Dosenwurst (Vor-Wort)

Eine Antwort auf die Frage, die Martin Stankowski nicht zu stellen wagt, habe ich auch nicht: Warum halten sich sprichwörtliche Redensarten noch länger als Dosenwurst?

Die Menschen verwenden tagtäglich Redewendungen, obwohl die Gegenstände und Verhältnisse, auf die sie sich beziehen, längst verschwunden sind. Schon Großvater kannte den eigentlichen Sinn der Sprachformel, die er benutzte, nicht mehr; der Enkel nimmt sie immer noch in den Mund - und wird verstanden. Ich nehme mich da nicht aus, auch ich vervielfältige die oft Jahrhunderte alten, einst einprägsamen Bilder, obwohl sie längst zu flachen Klischees verkommen sind. Und kann es nicht erklären...

Vielleicht ist das menschliche Hirn zu träge, um neue und unverbrauchte Vergleiche mit der Gegenwart zu ziehen und zu Redensarten zu prägen. Vielleicht ist das Hirn aber auch zu flink bei der Produktion neuer Welten und Wirklichkeiten, so daß die Sprache den Veränderungen nur noch kraftlos nachläuft.

Die Haltbarkeit von Redewendungen beweist nichts. Vor allem nichts Philosophisches. Nicht die Marx-Ansicht, das gesellschaftliche Sein bestimme das Bewußtsein. Denn auch in einem computergestützten Büro würde niemand ausrufen, diese oder jene Meinung fasse kein PC, um die Unglaubwürdigkeit einer Aussage sprachlich zu bebildern. Der moderne Angestellte bleibt dabei: „Das geht auf keine Kuhhaut." Auf Pergament will er dennoch nicht schreiben. Niemand holt Schreibutensilien der Geschichte in das gesellschaftliche Sein zurück, nur weil er Sprüche aus seinem veralteten sprachlichen Bewußtsein klopft. Also stimmt auch der Umkehrschluß des Marxschen Satzes nicht. Selbst der Autor schreibt mittlerweile seine Texte am Bildschirm.

Martin Stankowski hat viele Talente. Eines seiner größten ist nur scheinbar altmodisch: das Erzählen. Wenn er seine

Freunde und Gäste durch Köln führt, kann man das erleben. Er kennt sich aus in der Geschichte und kann sie zu Geschichten verdichten. Wenn historische Quellen versiegen, erdichtet er manchmal auch Histörchen.

„Historical fiction" könnte man seine Methode nennen: eine spannende These formulieren, plausibel begründen und gut erzählen. Das sind seine Grundsätze. Deshalb schreibt er auch so erfolgreich für das Radio. WDR 3, das Kulturprogramm des Westdeutschen Rundfunks, strahlte seine Anmerkungen zu sprichwörtlichen Redensarten morgens im „Mosaik" aus.

Jetzt „veröffentlicht" der Kölner Stadtführer Martin Stankowski die gesammelten Texte als Sprachführer. Die verstaubten Bilder gewinnen, indem er ihre Ursprünge erklärt, die alte Farbigkeit zurück. Am Schluß des Bändchens nennt er seine Quellen. Alle Geschichten sind nachprüfbar. Und so zeigt sich, daß Martin Stankowski gut erzählen kann - auch wenn es nur die reine Wahrheit ist.

Ein Konkurrenzsprachführer hat bei Lessing eine Antwort auf die Frage nach dem Sinn sprachgeschichtlichen Forschens gefunden. Da das klassische Erbe unteilbar ist, danke ich dem Finder Christoph Guthknecht und zitiere an dieser Stelle Gotthold Ephraim Lessing:

„So lächerlich, als vielen das etymologische Studium vorkömmt, so geringfügig es mir selbst mit dem Studium der Dinge verglichen erscheint, so erpicht bin ich gleichwohl darauf. Der Geist ist dabei in einer so faulen Thätigkeit; er ist so geschäftig und zugleich so ruhig, dass ich mir für eine gemächliche Neugierde keine wollüstigere Arbeit denken kann. Man schmeichelt sich mit dem Suchen, ohne an den Wert des Dinges zu denken, das man sucht; man freut sich über das Finden, ohne sich darüber zu ärgern, dass es ein Nichts ist, was man nun endlich nach vieler Mühe gefunden hat."

Lothar Fend, Köln

1. Kapitel
Die Namen

Mit Argusaugen

Im Kölner Wallraff-Richartz-Museum hängt ein barockes Bild von Peter Paul Rubens, auf dem zwei üppig-barbusige Damen zu sehen sind: Die eine im Schoß ein abgeschlagenes Männerhaupt, die andere eine Pinzette in der Hand, mit der sie aus dem Schädel die Augen herauspickt und einem Pfau ins Gefieder setzt. Aber nicht eines oder zwei, nein Dutzende von Augen. Im Vordergrund liegt ein schöner Männerkörper, nackt und kopflos.

Dieser Tote ist Argos, der Mann mit den 100 Augen, die eine Hälfte immer wach, während die andere ruht, „Argos Panoptes", der Alesseher genannt. Sein Name hat zum Titel des Rubensbildes und zu unserer Redensart von den „Argusaugen" geführt, der Eigenschaft, etwas besonders wachsam, kritisch und mißtrauisch zu beobachten.

Berühmt wurde der hundertäugige Hirte durch ein Melodrama der griechischen Mythologie, dessen Schlußszene Rubens darstellt. Zeus hatte eine Freundin namens Io, die er aus Angst vor der eifersüchtigen Ehefrau Hera in eine Kuh verwandelte. Aber die Gattin kommt ihm auf die Schliche und läßt die Kuh von Argos überwachen, um sie an der Rückverwandlung zu hindern. Zeus im Gegenzug schickt Hermes als Hirten verkleidet, der Argos durch sein wunderbares Flötenspiel einschläfert und den Kopf abschlug. Nun kommt Hera wieder ins Spiel und ins Rubens'sche Bild, als sie die Augen des toten Argos transplantiert und einem Pfau einsetzt - der sie bis heute als Pfauenauge im Gefieder trägt.

Aischylos hat als erster diese Geschichte erzählt, auch wenn das Motiv der augenübersäten Flügel schon in den Visionen des jüdischen Propheten Ezechiel zu finden ist. Als Redensart kommen die „Argusaugen" in der Antike wie im Mittelalter vor und in Schillers „Kabale und Liebe" spricht Wurm von dem Major, der ihn „den ganzen Tag wie ein Argus hütet", und in „Maria Stuart" wird der Graf von Leicester „vom Argusblick der Eifersucht" bewacht. Hier finden wir dann schon beide Bestandteile der Redensart, sowohl die gute Fähigkeit des Allessehens, des genauen Hinschauens, wie auch die schlechte Absicht, Neid, Mißtrauen und Eifersucht.

Die Fülle von Redensarten und Sprichwörtern um das Auge herum belegen die Vieldeutigkeit, und sie dokumentieren zugleich den zentralen Wert dieses menschlichen Organs. „Ins Auge gehen", „Sand in die Augen streuen" oder vor etwas „die Augen verschließen" drücken die eine Erfahrung aus, „ein Auge auf jemand werfen", „große Augen machen" oder „einem die Augen öffnen" die andere.

Und wenn uns dies „mit einem lachenden und einem weinenden Auge" selber klar wird, dann haben wir sprichwörtlich beide Teile zusammengefügt.

Wie Pfarrer Assmann

Ort der Geschichte ist eine Pastorentagung in Marburg und der Zeitpunkt etwa Mitte des 19. Jahrhunderts. Die evangelischen Amtsbrüder zerbrechen sich den Kopf über eine neue Verfügung des kurfürstlichen Konsistoriums, mit der die einen nicht einverstanden sind, die anderen nicht klarkommen. Jedenfalls sind die Meinungen geteilt, bis einer der Pastöre kurz und bündig erklärt „Ich halt's mit dem Amtsbruder Rassmann", und auf die Nachfrage, wie das zu verstehen sei, antwortet: „Der macht's, wie er will."

Dieser Carl Christian Rassmann, Pastor in der Nähe von Hersfeld, war offensichtlich ein recht eigenwilliger Mann, der nicht buckelte vor der Obrigkeit. Vielleicht schon damals ein antiautoritäres Vorbild. Sein Name avancierte seit dieser Pfarrerkonferenz bald zur stehenden Redewendung. Inzwischen ist der Name „Rassmann" zwar mutiert zu „Assmann", aber immer noch meinen wir: „Mach was Du willst - Du hast freie Entscheidung!", wenn wir sagen: „Das kannst Du halten wie der Pfarrer Assmann."

Es gibt auch eine Weiterführung in Reimen:
„Und wie hielt der es?"
„Der hielt es wie der Pfarrer Nolte!"
„Und der?"
„Der hielt es, wie er wollte!"

Allerdings existierte vor Rassmann schon ein Seelenhirte, auf den die Redensart zurückgeführt werden kann. In Thüringen, in dem Örtchen Nohra bei Weimar, wirkte ein protestantischer Geistlicher namens Assmann, der eines Tages beim Spaziergang am Wiesenrand und bei der Lektüre des Alten Testaments einen vorbeihoppelnden Hasen mit einem gezielten Wurf der Bibel zur Strecke brachte. Darüber gab es sogar ein Gemälde im Pfarrhaus. Und als sich der zuständige Jagdpächter beim Herzog Karl August beschwerte, entschied der salomonisch:
„Der Pfarrer Assmann besitzt zwar keine Jagdberechtigung. Mit den Hasen aber, die er mit der Bibel totwirft, kann er machen, was er will."

Verballhornen

Wenn ein Schriftsteller einen Text verfaßt, dann haben eine ganze Reihe Leute damit zu tun, lange bevor ihn der Leser vor die Augen bekommt. Da wird redigiert und lektoriert, gesetzt und Korrektur gelesen, und oft gibt es dabei Mißstimmigkeiten mit dem Verfasser. Heinrich Heine war nicht der letzte in der Reihe beleidigter Autoren, als er sich über die Redakteure beschwerte: „So konnte ich mir auch manche erschreckliche Nachqual der Umbearbeitung und Verballhornung meiner Artikel gefallen lassen."

Und wir können uns schon denken, was er mit der Verballhornung gemeint hat: eine mißglückte, eher unnütze und vielleicht lächerliche Bearbeitung seiner Texte. Wenn wir von der Verballhornung sprechen, dann ist das Urteil über den Übeltäter klar: man spürt die gute Absicht, doch über das schlechte Ergebnis ist man verstimmt.

Der Urvater dieses Begriffs war im 16. Jahrhundert der Drucker Johann Balhorn in Lübeck. Er muß ein respektables Unternehmen in der reichen Hansestadt geführt haben, denn über 200 Drucke sind von ihm bekannt: Kinderfibeln, Reformationsschriften, Volksliteratur und geschichtliche Abhandlungen: Ein erfolgreicher Geschäftsmann. Doch was seine Mitbürger ihm übelnahmen, und darauf wird das böse Wort zurückgeführt, war eine Neuausgabe des Lübecker Stadtrechts im Jahre 1586. „Auffs Newe vbersehen, Corrigiret" stand auf dem Titel, weil es eine Reihe von neuen Bestimmungen enthielt, die jedoch die Bürger als ungerecht empfanden. Die verantwortlichen Stadtväter hatten sich in weiser Voraussicht als Autoren nicht zu erkennen gegeben. Auf dem Titelblatt stand nur Johann Balhorn, allein als Herausgeber, und war damit in den Augen seiner Mitbürger der Verantwortliche, gegen den sich nun Spott und Ärger richteten. Man machte ihn für die schikanösen Veränderungen verantwortlich, zumal eine nicht abreißende Flut von Prozessen bis ins 17. Jahrhundert dafür sorgte, daß das Thema und damit der Name im Gespräch blieb.

Doch man tut dem guten Mann Unrecht und Georg Christoph Lichtenberg hat schon vor zwei Jahrhunderten zu dessen Ehrenrettung vorgeschlagen, das „verballhornen" auszutauschen gegen das „verschlimmbessern". Das wäre zwar richtiger gewesen, klingt aber nicht unbedingt schöner.

Der Boykott

Ich gehe nicht mehr an meinen Kiosk, seitdem sie dort die „Deutsche National- und Soldatenzeitung" verkaufen, ich boykottiere ihn. In den 80er Jahren wurden als Protest gegen die Apartheid Früchte aus Südafrika boykottiert. Die Amerikaner und die Westdeutschen boykottierten die Olympischen Spiele in Moskau, so wie vier Jahre später die Russen und die Ostdeutschen als Retourkutsche die Spiele in Los Angeles. Woran man schon sieht, daß ein Boykott nur funktioniert, wenn möglichst viele mitmachen.

Unser Wörterbuch nennt eine ganze Palette von Verben, die dasselbe ausdrücken: ächten, ausgliedern, ausschließen, aussperren, ausstoßen, kaltstellen, nicht anerkennen oder verfemen. Die Methode ist offensichtlich verbreitet und uralt. Schon die griechischen Stadtstaaten pflegten sich wechselseitig zu boykottieren. Der Begriff jedoch ist kaum älter als ein Jahrhundert. Charles Cunningham Boycott, der

Sohn eines britischen Pfarrers, ist der Urheber des Wortes. Er war in den 70er Jahren des letzten Jahrhunderts Gutsverwalter in Irland und weigerte sich nach einer Serie von Mißernten, den Pächtern ihre Zahlungen zu stunden. Berühmt bzw. berüchtigt wurde er vor allem durch den Versuch, die zahlungsunfähigen Schuldner mit Hilfe der Gerichte zu vertreiben. Die in der Landliga zusammengeschlossenen Pächter rüsteten jedoch zur Gegenwehr und verweigerten fortan jede Arbeit für den Gutsverwalter Boycott. Er mußte fremde Landarbeiter unter Polizeischutz anwerben, konnte sich aber auf Dauer gegen den vereinten Widerstand der irischen Landliga nicht durchsetzen. Am Ende gab er auf und verließ die Insel.

Zurück blieb die schlechte Erinnerung an den Mann und der Jubel über die erfolgreichen Gegenmaßnahmen, die seitdem seinen Namen tragen: Boykott.

Mein Name ist Hase

Die Geschichte spielt in Heidelberg am Ende des Wintersemesters 1854/55. Ein Duell war der Auslöser und ein Student kam dabei zu Tode. Der Täter floh nach Straßburg. Geholfen hatte ihm dabei ein Freund namens Victor von Hase, der seinen Studentenausweis „verlor". Der andere „fand" ihn, ging über die nahe französische Grenze und ließ ihn wieder fallen. Die Karte wurde gefunden und als verdächtig den Behörden übergeben. Nun wurde von Hase vorgeladen, doch der junge Jurist gab lediglich zu Protokoll: „Mein Name ist Hase, ich verneine die Fragen, ich weiß von nichts." Die Äußerung machte rasch die Runde in Heidelberg und darüber hinaus - als Weigerung, mit der Polizei oder den Behörden zusammenzuarbeiten.

Aber stellen wir uns einmal vor, der junge Mann hätte Meyer oder im Rheinland Schmitz geheißen. Schwer denkbar, daß „Mein Name ist Schmitz" ähnlich populär geworden wäre. Der Grund ist wohl, daß „Hase" immer schon einen anderen Beiklang hatte, einen Unterton. Der Hase ist in unseren Breiten ein Symbol der Erotik. Zahlreiche Mythen und Märchen handeln vom Hasen und seiner Zeugungsfähigkeit. Die Redensart von der „Vermehrung wie die Kaninchen" ist geläufig, und in der Sprache wie im Aberglauben ist der Hase präsent. Der Mythos vom rammelnden Mümmelmann ist selbst noch in unserem Osterhasen gegenwärtig, auch wenn man das unterm Schokoladenguß kaum noch schmeckt. Hinweis sind die Eier, ebenfalls ein Symbol der Potenz. Wenn allerdings der Osterhase selbst gefragt würde, woher denn bei ihm als Säugetier die Eier stammen, dann könnte der wie der Heidelberger Vetter nur antworten: „Mein Name ist Hase."

Das wäre sogar dialektisch.

Haste mal 'en Heiermann?

In der Kölner Innenstadt findet man in der Breitestraße einen Brunnen, den das Verlagshaus DuMont-Schauberg anläßlich eines 100. Geburtstages im Jahre 1986 gestiftet hat. Drei Figuren schmücken ihn: ein Zeitungsbote, ein Zeitungsleser und ein Kind, das sich aus einer Zeitung einen Hut gefaltet hat, und auf dem Brunnenrand entdeckt man als Relief ein überdimensioniertes Fünfmarkstück. Das ist ein feiner Hinweis auf den Künstler, Theo Heiermann, ein in Köln lebender Bildhauer, der sich selber mit dem Bild des Geldstücks verewigt hat, das silberne 5-Mark-Stück, „der Heiermann".

Ein bescheidener Hinweis, ganz in der Tradition der alten Meister, die häufig ihre Werke nicht signiert, sondern sich selber ins Bild eingebracht haben. Aber leider keine Erklärung für den Ursprung des Wortes „Heiermann". Und selbst wenn man, was in diesem Teil der Kölner City leicht möglich ist, von irgendeinem Punk angehauen wird, „haste mal 'en Heiermann für mich", dann kann man zwar sein Geld loswerden, erfährt aber auch nicht, woher das Wort kommt. Die einschlägigen Lexika lassen uns hilflos und allein auf der Suche nach Bedeutung und Ursprung: der große Röhrig und der alte Büchmann, die Gebrüder Grimm und Friedrich Kluge, bei keinem kommt „der Heiermann"

vor. Nur der Duden führt wenigstens die korrekte Schreibweise auf und informiert uns, daß er im Norddeutschen seinen Ursprung hat. Und da gibt es eine Spur im Brockhaus, ein wenig anders geschrieben, aber immerhin: Herman Heijermans, ein niederländischer Schriftsteller der Jahrhundertwende, Naturalist, Gesellschaftskritiker, der Stücke schrieb über die Armut der Fischer, die Mißstände in der Armee oder das Elend der Bergarbeiter. Sollte er der Vater des Begriffs sein und seine erbarmungswürdigen Figuren auf der Suche nach dem Glück nach ihrem Erzeuger gerufen, um einen Heiermann gebettelt haben?

Eine Umfrage an meiner Heimat-Theke erweiterte die Suche nach dem Vater bzw. der Mutter des Begriffs. Der „Heiermann", erzählt einer, das ist doch klar, das ist der Liebeslohn der Nachkriegszeit, der Preis, für den die Männer ihre Braut ins Bett, in die „Heia" bekommen hätten. Und ein anderer schloß messerscharf von der „Heia" auf die Heuer, den Lohn der Matrosen, das Geldstück für den Landausflug, damit sie sich ihr Bier leisten konnten.

Womit wir zwar nicht bei einer hinreichenden Erklärung, aber wieder an der norddeutschen Küste angelangt wären, und damit immerhin im Ursprungsland des „Heiermann".

Hokuspokus

"Hokuspokus fidibus, dreimal schwarzer Kater." Solch geheimnisvolle Formel gebraucht der Zauberer, während er das nächste Kunststück vorbereitet. Damit will er ablenken. Solange er redet, achtet man nicht so genau darauf, was seine Hände treiben. „Hokuspokus fidibus." Nichts anderes machen auch die Hütchenspieler, die munter vor sich hinplaudern, während sie blitzschnell die Hütchen wechseln und man nach kurzer Zeit fasziniert verfolgt und gespannt überlegt, wo denn das Geld geblieben ist.

Immer schon haben die Zauberer mit den flinken Händen Formeln benutzt zur Beschwörung und zur Ablenkung. Als Vorläufer des „Hokuspokus" ist seit dem 14. Jahrhundert auch überliefert: „Hax, pax, max - Deus adimax". Das klingt wie eine Mischung aus Feuerlöscher und Oropax und soll lateinisch sein. Es belegt aber tatsächlich die Vorliebe der schwarzen Magie für die scharfe Endung mit dem x, wie etwa auch der Kinderreim „Pix, pax, pox". X, die magische Zahl, und es ist sicher kein Zufall, daß man in der Algebra diesen Buchstaben für die unbekannte Größe festgelegt hat. So wie wir auch davon reden, eine Sache habe sich „x-fach" wiederholt und sei „x-beliebig".

Zurück aber zum Hokuspokus, das im Jahre 1634 erstmalig auf einem Buchtitel auftaucht über das Leben Hokus Pokus des Jüngeren, eines Zauberers am Hofe des Schottischen Königs Jakob I. Woraus man schließen kann, daß es auch einen älteren Hokus Pokus gegeben hat, und da die beiden offensichtlich überzeugend waren, ist schon kurze Zeit später aus dem Eigennamen die Berufsbezeichnung geworden. So wie wir heute noch „Hokuspokus" gebrauchen für Zauberei, Gaukelei, Betrug: „Mach doch keinen Hokus Pokus!"

Es gibt jedoch noch eine ganz andere Erklärung. In der katholischen Liturgie spricht der Priester im Zentrum der Messe die Worte „Hoc est enim corpus meum". Eine uralte Formel, aber immer lateinisch. Das war nicht gerade die Sprache der Bauern und Handwerker, Tagelöhner oder Dienstboten des Mittelalters, die zwar hörten, daß da Wichtiges passierte, aber nichts verstanden. Hinzu kam, daß ja bis in die allerjüngste Zeit der Priester mit dem Rücken zum Publikum agierte, der Altar im Chor der Kirchen weit entfernt vom Volk stand - früher überdies vom Kirchenschiff durch einen Raumteiler, den Lettner getrennt - und dann das ganze durch Weihrauch vernebelt, so daß diese Worterklärung durchaus plausibel klingt. Wenn der Priester zum lateinisch gesprochenen Höhepunkt kommt „Hoc est enim corpus meum", murmelt in der Kirchenbank wieder einer: „Da macht er wieder seinen Hokuspokus."

Das Hornberger Schießen

Einmal im Jahr veranstaltet der Verkehrsverein des Schwarzwald-Städtchens Hornberg eine größere Attraktion für die Kurgäste, die den Ort nahe bei Villingen vor allem seiner guten Luft wegen aufsuchen. Sonderzüge der Bundesbahn karren die Besucher aus Mannheim und Freiburg heran, der Historische Verein führt ein Volksschauspiel des Heimatschriftstellers Erwin Leisinger auf, und der Höhepunkt der Festivität ist ein von der Ortsfeuerwehr inszeniertes Böllerschießen. Alles dreht sich einzig und allein um die Antwort auf die bekannte Frage: Wie ist das Hornberger Schießen ausgegangen?

Die Hornberger erzählen dazu eine Geschichte, nach der sie einstmals und noch zu schwäbischen Zeiten ihren Landesvater würdig mit einem Ehrensalut begrüßen wollten. Aber sie mußten warten und warten und übten so lange, daß ihnen am Ende schließlich das Pulver ausgegangen war, als der Herzog endlich erschien und nun ganz und gar ohne Salut ins Städtchen Hornberg einzog.

Genauso ist auch die gebräuchliche Variante der Redensart. „Ausgehen wie's Hornberger Schießen" sagt man von einer Sache, aus der nichts wird nach vielem Lärm, die ohne Ergebnis endet, trotz großer Ankündigung. Man ge-braucht den Spruch auch oft schon, wenn etwas im Sande verläuft und einfach kein Ende hat. Die Hornberger allerdings sollen seinerzeit, um den Landesvater nicht völlig unbegrüßt zu lassen, die Böllerschüsse durch lautes Gebrüll ersetzt haben.

Es gibt jedoch auch genauere Erklärungsversuche. Insbesondere der Hornberger Pfarrer Konrad Kaltenbach hat sich Anfang dieses Jahrhunderts lang und ausführlich mit der Redensart befaßt und in seinen „Heimatklängen aus alter und neue Zeit" auf einen Feldzug der benachbarten Stadt Villigen im Jahre 1519 gegen Hornberg hingewiesen, bei dem die Besatzung des belagerten heimischen Schlosses so lange und überdies so schlecht geschossen hätte, bis die Angreifer ohne Gegenwehr die Burg eroberten. Das Hornberger Pulver war verschossen, sagt der Heimatforscher. Für andere dagegen ist das nachträglich erfunden, nachdem es die Redensart längst gegeben hat.

Solange geforscht wird, gibt es auch keine endgültige Antwort und man kann weiter spekulieren. Das ganze macht Sinn, für die Sprache sowieso und die Hornberger auch, so lange jedenfalls wie es ausgeht wie das legendäre Schießen.

Der wahre Jakob

Alle vier Jahre wieder ist die Presse voll vom hoffnungsvollen Bemühen internationaler Großstädte, die Olympischen Spiele abzuhalten, ein Wirtschaftsvorteil allererster Klasse, mit Millionen Besuchern und Milliarden Umsätzen. Etwas ähnliches gab es im Mittelalter mit den Reliquien, zu denen ein unendlicher Strom von Touristen pilgerte. Nur daß damals kein internationales Komitee existierte, das über die Stationierung der besten Stücke entschied. Die Kirche hatte zwar immer dafür gesorgt, daß es viele Heilige gab und damit genug verehrungswürdige Knochen, so daß sich viele Städte den frommen Kuchen teilen konnten. Aber es gab doch ein paar Topadressen wie die biblischen Stätten in Jerusalem und Palästina, dann der Heilige Stuhl in Rom, besonders Byzanz/Konstantinopel, die Heiligen Drei Könige in Köln und schließlich der Heilige Jakobus in Santiago de Compostela. Gerade dieser eigentlich unbedeutende spanische Flecken wurde erst durch die Reste des Apostels Jakobus zu einem Touristenmagnet und übernahm konsequent auch seinen Namen, Santiago, also Sankt Jakobus, in Compostela, oder wie ein kabarettistisches Lästermaul übersetzte: hier „kompostiert". Das Produkt als Markenzeichen und Firmenname, davon träumt jeder Werbechef.

Auf diese Idee kamen auch andere Städte und behaupteten, die wahren Reste des Jakobus zu besitzen, wie z. B. das italienische Monte Grigiano oder ein französisches Kloster in der Nähe von Toulouse, das zudem noch einen wichtigen Vorteil hatte: es lag am Wege. Jeder Pilger aus Mitteleuropa, und das waren Tausende und Abertausende in jener heilssüchtigen Zeit, kam auf dem Weg nach Santiago de Compostela vorbei, und was lag da näher als die beschwerliche Reise in den nordwestlichen Zipfel Spaniens hier zu beenden. Schluß aus, wir sind beim Heiligen Jakobus angelangt! Und man kann sich auch denken, den Santiagern paßte das nicht, wenn die Ferntouristen ausblieben und sich mit einem billigen Jakob begnügten. Und so pochten sie darauf, ihrer sei der wahre Jakob, der richtige Mann, der Gesuchte. Und jeder andere der falsche, eben nicht der wahre Jakob.

Nun war Jakob nicht der einzige Mehrfachheilige. Die Kirchengeschichte ist voll von zwei-, drei- und vielfachem Auftreten derselben Heiligen bzw. der massenhaften Existenz ihrer sterblichen Überreste. Allein die Splitter vom Kreuz Jesu füllten eine ganze Schiffsladung Bäume, hat ein französischer Historiker ausgerechnet. Nur die Kölner, schon immer clever im Umgang mit den heiligen Klamotten, erzählten gleich, daß sie von ihrem bekannten Stadtpatron und ersten Bischof, Severin, nur eine Hälfte der Knochen besäßen, weil sie nämlich genau wußten, daß der ganze Severin in Bordeaux begraben war. So brachen sie jedem Streit die Spitze ab und wir haben keine Redensart vom wahren Severin. Im Unterschied zum Jakobus in Santiago, von dem wir bis heute nicht wissen, ist es der wahre Jakob oder ist er es nicht.

Das Ei des Kolumbus

Die allseits bekannte Episode muß sich nach dem 15. März 1493 zugetragen haben. An diesem Tag nämlich kehrte Kolumbus von seiner ersten Reise aus Übersee zurück, umjubelt, hochgerühmt. Kardinal Mendoza gab ein Festbankett, war aber wohl eifersüchtig auf den Seefahrer. Jedenfalls mäkelte er herum, die Entdeckung der neuen Welt sei doch gar nicht so schwer gewesen und vielleicht dem Zufall zu verdanken. Nun, Kolumbus' Antwort kennen wir. Als keiner seine Aufgabe, ein Ei auf den Tisch zu stellen, lösen konnte, knallte er es auf die Platte. Das Ei stand. Eine zugegeben brachiale Lösung des Problems, aber - es mußte einer drauf kommen.

Und dabei war Kolumbus nicht einmal der erste. Die Geschichte wird nämlich schon fast 100 Jahre früher von dem italienischen Architekten Filippo Brunelleschi erzählt. Der gewann im Jahre 1418 den Wettbewerb zum Bau der Kuppel des Domes Santa Maria del Fiore in Florenz, dieser wunderbaren und ebenmäßigen Halbkugel, die man heute noch wegen ihrer atemberaubenden Eleganz bewundert. Brunelleschi gewann, so berichtet der italienische Kunsthistoriker Giorgio Vasari, weil er seine Auftraggeber mit derselben Lösung zu überraschen wußte.

Wer stellt ein Ei auf eine Marmorplatte? Und wenn auch morphologisch gesehen Ei und Kuppel irgendwie näher liegen als Kolumbus und Amerika, es bleibt ein Trick. Der Architekt Brunelleschi beherrschte natürlich die Gesetze der Statik, aber an die physikalischen Grenzen eines Eis war auch er gebunden.

Okay - O.K. - O.K.

Vor mehr als 150 Jahren spielte sich die Geschichte ab im fernen Washington. Damals amtierte als achter amerikanischer Präsident Martin van Buren, von seinen Freunden mit dem Spitznamen „Old Kinderhook" bezeichnet, nach seinem Geburtsort, dem Städtchen Kinderhook im Staate New York. Als nun die Amtszeit dieses Präsidenten zu Ende ging, gründeten Anhänger und Freunde im März 1840 einen Klub, um seine Wiederwahl zu sichern und nannten ihn den O.K.-Klub, nach den Anfangsbuchstaben des Spitznamens „Old Kinderhook". Sie propagierten landauf landab, Martin van Buren sei der richtige Mann, der beste Präsident, er sei in Ordnung, eben der O.K.!

Nun, der Mann wurde nicht wiedergewählt - er hatte sich zu energisch für die Beendigung der Sklaverei ausgesprochen -, aber die Abkürzung seines Namens machte als Redewendung „O.K." die Runde. Nicht nur in den USA. „Okay" ist der erfolgreichste aller Amerikanismen im Deutschen. Wir gebrauchen ihn mannigfalt für „fertig", „los", „in Ordnung", „erledigt", „es kann losgehen", „alles bereit", und in vielen Kombinationen geben wir unser Okay, die Zustimmung, oder urteilen, ob jemand okay, also wieder gesund ist.

Die Geschichte mit Martin van Buren indes geriet in Vergessenheit und die Sprachwissenschaftler versuchten verzweifelt, einen sinnigen Ursprung des Wortes zu finden. Man ging zurück bis zu den Griechen, deren Lehrer schon die Schularbeiten mit „ola kalla", wörtlich übersetzt: „alles schön", bewertet und entsprechend abgekürzt hätten, oder man schweifte aus nach Afrika und fand in der Mandingosprache das Wort „o ke" für „in Ordnung", das dann mit den Negersklaven Westafrikas nach Amerika gekommen sei.

Die Germanisten machten sogar einen Anfang des 20. Jahrhunderts aus Preußen eingewanderten Mechaniker namens Otto Krause ausfindig, der bei Henry Ford in Detroit dank seines hervorragenden Gehörs die Automotoren bei ihrem Probelauf zu testen hatte. Und war das Laufgeräusch in Ordnung, dann schrieb er mit Kreide auf den Block „Otto Krause", oder abgekürzt: „O.K."

Die Pappenheimer

Im dritten Akt von Schillers Drama „Wallenstein" erscheinen zehn Kürassiere vor ihrem Feldherrn und fragen, ob das Gerücht zutreffe, daß er ein doppeltes Spiel treibt. Sie selber, eine Delegation des Pappenheimerschen Regiments, hätten höchstes Zutrauen zu ihm, wollten jedoch die Wahrheit von ihm selber hören. „Daran erkenn' ich meine Pappenheimer" lobt Wallenstein die Soldaten, denn genau diese Offenheit habe er auch von ihnen erwartet.

Diese von Friedrich Schiller kolportierte Geschichte wurde zum geflügelten Wort und die Pappenheimer zählten fortan zum Stamm der Leute, von denen wir genau wissen, mit wem wir es zu tun haben. Allerdings heute eher mit dem skeptischen Unterton, daß wir sie durchschaut haben und besser Bescheid wissen als sie selber und im übrigen genau wissen, was wir von ihnen zu erwarten haben: wenig oder gar nichts.

Die Skepsis kommt nicht von ungefähr, denn es hat tatsächlich ein solches Regiment unter dem Kommando des Grafen Gottfried Heinrich von Pappenheim gegeben. Und die sind keineswegs so treuherzig aufgetreten, wie Schiller das darstellt, sondern gehörten zur blutrünstigen Soldateska des Dreißigjährigen Krieges. Vor allem bei der Eroberung der Stadt Magdeburg am 19. Mai 1631 wüteten sie grausam in der Festung, die wochenlang belagert worden war. An die 30.000 Menschen wurden niedergemetzelt, und der kommandierende Graf von Pappenheim konnte stolz dem Kaiser nach Wien berichten, es sei „seit Trojas und Jerusalems Zerstörung solch ein Sieg nicht gesehen worden".

Dieser Graf Pappenheim hatte zwar in Tübingen studiert und war schon mit 20 Jahren kaiserlicher Reichshofrat, aber es zog ihn mehr zur militärischen Laufbahn. Wie das seinerzeit üblich war, kämpfte er als bezahlter Söldner dort, wo er die besten Gagen erhielt. Im polnischen oder im russischen Heer, für den Kurfürsten von Bayern war er bei der Schlacht am Weißen Berge dabei, als die böhmischen Protestanten zerschlagen wurden, später focht er für den Habsburger Kaiser in halb Europa. Sein Körper, so wird erzählt, sei von soviel Narben bedeckt gewesen, daß die Soldaten ihn auch den „Schrammenhannes" nannten und ihn für unverwundbar hielten. Am Ende erwischte es ihn aber doch: Er starb an zwei Musketenkugeln in der Schlacht von Lützen. Das war 1632, bis er eben von Friedrich Schiller 170 Jahre später zu literarischen Ehren wiedererweckt wurde.

Sisyphusarbeit

Natürlich kennt jeder die Sisyphusarbeit und den armen Kerl, nach dem sie benannt ist, und weiß selbstverständlich, daß die Geschichte von den Griechen stammt, wie manch andere Sprachfiguren aus der alten Mythologie, die Argusaugen, das Danaergeschenk oder die Tantalusqualen. Und die Absolventen der humanistischen Gymnasien erinnern sich vielleicht noch dunkel an die Verse von Homer, der den Odysseus auf seinen Irrfahrten die Unterwelt besuchen und von dort berichten läßt:

Auch den Sisyphos sah ich, von schrecklicher Mühe gefoltert,
Einen schweren Marmor mit großer Gewalt fortheben.
Angestemmt, arbeitet' er stark mit Händen und Füßen,
Ihn von der Au aufwälzend zum Berge. Doch glaubt er ihn jetzo
Auf den Gipfel zu drehn: da mit einmal stürzte die Last um;
Hurtig mit Donnergepolter entrollte der tückische Marmor.
Und von vorn arbeitet' er, angestemmt, daß der Angstschweiß
Seinen Gliedern entfloß, und Staub sein Antlitz umwölkte.

Doch wer weiß schon, warum der arme Sisyphos wieder und wieder diese absurde Arbeit machen muß? So wie auch die anderen, die Odysseus in der Schattenwelt trifft, und die ähnlich leiden. Der Tantalos etwa, der verdursten muß, obwohl ihm das Wasser bis zum Halse steht. Oder die Danaiden, die unentwegt Wasser in ein Faß schöpfen, bei dem es aus hundert Löchern wieder herausströmt. Warum das alles?

Nach unseren Maßstäben waren sie Kapitalverbrecher: Die Danaiden waren Frauen, die ihre Männer in der Hochzeitsnacht umgebracht hatten. Tantalos hatte seinen eigenen Sohn geschlachtet und den Göttern zum Essen aufgetischt, um ihre Allwissenheit zu prüfen.

Aber der Sisyphos? Nun, er war der König von Korinth, listig, verschlagen und gierig, nichts Neues im Staatsgeschäft. Er liebte das Leben und mochte nicht sterben und dachte sich einen besonderen Trick aus. Er verfügte in seinem letzten Willen, daß seine Witwe keine Totenopfer geben und keine Trauerfeier veranstalten dürfe. Als der Bote der Unterwelt dann erschien ihn abzuholen - wie das bei den Griechen so üblich war -, konnte er ihn nicht mitnehmen, denn ohne Feier keine Reise, das war die Regel! Und so handelte Sisyphos mit ihm aus, er werde selber eine würdige Trauerfeier organisieren und dann sofort nachkommen. Doch damit ließ er sich Zeit. Jahr um Jahr verschob er die Feier bis ins hohe Greisenalter.

Am Ende allerdings mußte er doch hinab. Aber man kann sich vorstellen, wie sauer die Götter waren, wenn ihnen einer ins Handwerk pfuscht. So dachten sie sich eine besondere Strafe aus. Wir werden dir zeigen, was ewig ist, da hast du deine Unsterblichkeit. Ab sofort Steine rollen. Eine zynische Lehre, wie Götter eben so sind.

2. Kapitel

Essen und Trinken

Zum Frühststück: Kaffee!

Als Kind habe ich in der Volksschule im Sauerland dieses Lied noch gelernt. Im Musikunterricht als Kanon.

C-A-F-F-E-E, Trink nicht so viel Kaffee!
Nicht für Kinder ist der Türkentrank,
Schwächt die Nerven, macht Dich blass und krank!
Sei doch kein Muselmann, der ihn nicht lassen kann!

Heutzutage kommt das in der Schule nicht mehr vor, es gilt als türkenfeindlich und entspricht längst nicht mehr der Political Correctness. Und außerdem, wer singt noch Kanon? Aber die Botschaft ist klar: Als das Lied vor 200 Jahren entstand, von dem ansonsten unbekannten Komponisten Carl Gottlieb Hering, da galt der Kaffee als orientalisches Getränk, war exotisch. Heute dagegen ist es am Morgen selbstverständlich (wenn wir keine Teetrinker sind): der erste Griff zur Kaffeetasse. Seit wann aber?

Im Mittelalter haben die Menschen vor allem körperlich und im Freien gearbeitet, da standen Getreide, Brot und - soweit vorhanden - Fleisch auf der Speisekarte. Die Leute haben auch öfter gegessen, in der Regel fünfmal am Tag und zum Frühstück dicke Suppen. Vor allem Biersuppen waren beliebt, mit Brot eingetunkt, wie überhaupt Unmengen von Bier als Alltagsgetränk konsumiert wurden. Der Kaffee dagegen stammt aus Äthiopien und hat sich dann über den Jemen allmählich im Orient ausgebreitet. Insofern stimmt der Hinweis auf die „Muselmanen" in dem Kanon, und relativ spät, nämlich erst im 15. Jh., wurde er in der muslimischen Welt zum allgemeinen Volksgetränk, sicher auch wegen des Alkoholverbots. Es heißt ja auch: Kaffee ist der Wein des Islam. Über die großen Handelsmetropolen in Italien und England kam er dann Ende des 17. Jahrhunderts nach Europa.

Das ist die Zeit, in der die protestantische Arbeitsethik entsteht, die Zeit der Nüchternheit und Sachzwänge, in der die großen Geschäfte gemacht werden, die Epoche, in der Zeit zu Geld wird, und das geht natürlich nicht mit vollem Magen oder schwerem Kopf. In London z. B. eröffnet 1688 Edward Lloyd in der Tower Street ein Coffeehouse, das sich bald zum Treffpunkt aller Leute entwickelt, die mit der Seefahrt zu tun haben: Kapitäne, Schiffseigner oder Agenten. Man geht zu Lloyds, um die neuesten Nachrichten zu hören und Geschäftsabschlüsse zu tätigen. Später ziehen sich die Agenten in die erste Etage zurück, und daraus entstand Lloyds Versicherung, heute das größte Unternehmen der Welt.

Von England aus nach Frankreich und Deutschland, der Siegeszug des Kaffees ist unaufhaltsam, denn er wird zur Droge der kopfarbeitenden Berufe: Beamte, Literaten, Philosophen und Geschäftsleute. Alle, die mit ihren Trieben und Affekten haushalten müssen und einen klaren Kopf brauchen, trinken Kaffee. Den ersten zum Frühstück, denn Kaffee macht nüchtern, hält wach und stimuliert den Geist. Und was das wichtigste ist: es geht schnell mit der Zubereitung und dem Trinken. Man kann den kleinen Schwarzen oder den Normalen oder den Cappuccino oder sonst eine der vielen Varianten im Vorbeigehen trinken. Dabei kann man oft aber kaum noch von einer Kaffeekultur wie bei den Muselmanen in den orientalischen Kaffeehäusern sprechen. Für sie war der Kaffee die Droge für Muße, Gespräch und viel Zeit.

Böhmisch einkaufen

In der Kölner Stadtgeschichte haben die Franzosen einen schlechten Ruf. Natürlich nicht alle Franzosen, sondern die, die 1794 in Köln einmarschierten, damals eine ziemlich zurückgebliebene, klerikal vermuffte Reichsstadt, in der die Revolutionstruppen erst einmal für frischen Wind sorgten. Und das hieß vor allem: die Kirche enteignen. Daher stammt auch das schlechte Image. Im Kölschen bedeutet heute noch „sich op französch dröcke": ohne Abschied und Gruß gehen, einfach abhauen, und der große Forscher der Kölner Sprache, Adam Wrede, erklärt das mit den französischen Truppen, die „vergessen" hätten, ihre Rechnungen zu bezahlen.

Aber das ist, wie gesagt, ein Vorurteil und nicht einmal originell. Wenn die Ostpreußen „sich auf polnisch empfehlen" oder die Friesen „holländisch abfahren", dann sind das alles sprachliche Stigmata, mit denen sie den Nachbarn Unhöflichkeit nachsagen. Es ist auch keine deutsche Eigenart, der anderen Seite Charakterfehler anzudichten. Im Englischen etwa ist „to take french leave" eine gebräuchliche Umschreibung fürs Desertieren oder die Zeche prellen, ohne daß statistisch zwischen Franzosen und Engländern auszumachen wäre, wo mehr weggelaufen und gezechprellt wird.

Allerdings dokumentieren die in der Sprache geronnenen Vorurteile auch recht genau die Geschichte der Nachbarvölker. „Böhmisch einkaufen" z.B. war im Deutschen noch bis in die jüngere Zeit eine gebräuchliche Umschreibung fürs Stehlen und hängt mit der Ansicht zusammen, daß die Zigeuner aus dem Südosten, wohl aus Böhmen stammen. Und daß die stehlen, betrügen, ihre Kinder mißbrauchen usw., das ist ja bis in die Gegenwart hinein Gemeingut des deutschen Vorurteils. Nur daß wir heute von „Sinti und Roma" sprechen.

Aber zurück zu den Franzosen. In alten Lexika findet man unter diesem Stichwort auch den Hinweis auf die Geschlechtskrankheit, die Syphilis. Das kommt schon bei Luther vor, der zu allen Übeln der Welt auch die „französische Krankheit" rechnet.

Nebenbei bemerkt: Die Polen nennen sie die „deutsche" und die Russen die „polnische Krankheit", während sie in Frankreich die „neapolitanische" heißt. Was diesmal dann vielleicht weniger auf einem Vorurteil beruht, als den Verlauf der Ausbreitung der Syphilis - ausgehend vom Hafen von Neapel erst nach Norden und dann nach Osten - wiedergibt.

Das Messer

Die Kinder lernen schon im Kindergarten, daß zum Essen so selbstverständlich wie der Teller das Eßwerkzeug gehört. Messer, Gabel und Löffel finde man seit Jahrtausenden in allen Kulturen, heißt es. Aber da irren die Erzieher. Es ist uns zwar selbstverständlich, mit diesen Geräten umzugehen, aber längst nicht für alle und auch noch nicht allzulange.

Messer gibt es, seitdem die Menschen Metalle gefunden und verarbeitet haben, als Waffe, und damit umzugehen, hatte immer mit Gefahr, zumindest mit Gefährdung zu tun. Bis heute reichen wir über den Tisch nie ein Messer mit der Klinge voran oder führen das Messer zum Mund. Und auch die Abscheu, das Messer als Zahnstocher zu benutzen, hat mit der Angst vor dem Messer als Waffe zu tun.

Die Römer haben bekanntlich im Liegen gegessen und kannten vom Eßbesteck allenfalls den Löffel. Der Rest wurde vorher in Häppchen zerteilt und die schob man sich paßgerecht in den Mund. Die Lage ist ja auch ziemlich unbequem und übrigens auch nicht gut für die Verdauung. Im Mittelalter saßen die Leute dann bei Tisch, aber ein Messer kannten sie immer noch nicht, allenfalls der Koch, der den Braten teilte. Daraus wurde an der höfischen Tafel der „Vorschneider", ein gutbezahlter Hofbeamter, der mit seinem Tranchierbesteck das Tier fachgerecht zerlegte.

Bei den Chinesen übrigens ging dieser Prozeß so weit, daß das Zerteilen vorher und für die Tafel unsichtbar stattfand, eine Distanz zum Animalischen, bis zu den kleingeschnittenen Speisen und dem Essen mit Stäbchen. „Die Menschen versammeln sich am Tisch", heißt es in einer chinesischen Redensart, „um zu essen und nicht um Kadaver zu zerkleinern."

Doch in Europa wurde es irgendwann im 16. Jahrhundert, zuerst in Italien, dann in Frankreich Mode, selber ein Messer zu besitzen, das man zum Essen mitbrachte. Weil es zusammen mit dem Löffel und der Gabel im Gürtel steckte, nennen wir heute noch diese drei zusammen das Besteck.

Mit der Verfeinerung der Sitten und der Ästhetisierung des Essens benutzten bald alle Messer und Gabel, und sie wurden immer spezieller und ausgefallener. Ein stumpfes Butter- und ein kleines Obstmesser, ein abgerundetes für den Fisch und eins mit Säge für Steak oder Pizza sind heutzutage selbstverständlich.

Allerdings eher hierzulande. Weltweit benutzen nur rund ein Drittel der Menschen das Messer, genauso viele essen mit den Stäbchen und der Rest der Welt benutzt wie eh und je die Finger. Doch der Trend ist eindeutig. Die letzte Gruppe verliert an Boden, selbst die „Wilden" - oder was wir dafür halten - passen sich an, übrigens ganz unabhängig davon, was sie essen, wie ein Kindervers weiß, denn:

„Immer hält der Menschenfresser,
wenn er seine Beute frißt,
links die Gabel, rechts das Messer,
weil er gut erzogen ist."

Gabel oder Finger?

In Marrakesch saß ich einmal in einem Lokal neben fünf jungen Männern, Marrokanern, die wie ich eine Tajine bestellt hatten. Das ist ein marrokanisches Spezialgericht; in einem Tontopf wird Fleisch und Gemüse geschmort, oft mit Oliven und Mandeln, mit Rosinen oder in Zitrone. Diesmal war es Huhn, und die jungen Marokkaner sahen mir interessiert zu, wie ich mit Messer und Gabel dem Vogel zu Leibe rückte. Sie aßen mit den Fingern, links das Brot und rechts das Fleisch, lachten mich aus und erklärten mir, mit den Fingern, das sei einfach eine Frage des Geschmacks.

Das würde meine Mutter auch sagen, eine Frage des guten Geschmacks, als sie mir das Essen mit den Fingern ausgetrieben hat. Allen Kindern passiert das hierzulande im Laufe ihrer Domestizierung, und das Ergebnis wird als Zivilisation ausgegeben. Für uns ist der Gebrauch von Eßbesteck so selbstverständlich wie das Atmen. Alle tun es, aber warum?

Auf Bildern des späten Mittelalters werden festliche Tafeln gezeigt, die überquellen von Speisen in großen Schüsseln und angerichtet auf riesigen Platten. Die Menschen sitzen drum herum, greifen zu, mit der Hand natürlich. Vor sich haben sie Brotscheiben, auf die sie Fleisch oder Stücke aus der Soße legen konnten - die ersten Teller. An Besteck sieht man nur Messer auf diesen Bildern, mit denen das Fleisch abgeschnitten wurde. Man aß mit der Rechten, wenn man links einen Nachbarn hatte und mit links, wenn der rechts saß. So störte man sich nicht mit den Ellenbogen, eine kommunikative Regel. Gabeln gab es überhaupt nicht, allenfalls bei Hofe zum Vorlegen und Reichen der Brocken. Zum ersten Mal wird im 11. Jahrhundert von einer byzantinischen Prinzessin berichtet, die ganz extravagant ihre Nahrung mit einer Gabel zum Mund führte. Doch in unseren Breitengraden blieb sie lange verpönt, zumal sie von der Kirche als Teufelssymbol abgelehnt wurde. Die zwei Zinken erinnerten an die Hörner des Bösen, und auf manchen Hexenbildern sieht man auch, wie diese nicht auf einem Besen, sondern auf einer Forke oder Gabel mit zwei Zinken über den Schornstein fliegen.

Es dauerte lange, bis sich die Gabel neben dem Messer und nach dem Löffel durchsetzte. Zuerst in Italien, von dort als Luxusrequisit am französischen Hof und dann erst nach und nach in der europäischen Oberschicht. Aber das hatte nichts mit Hygiene zu tun, wie oft vermutet wird, sondern war ein Unterscheidungsmerkmal. Die feinen Leute wollten was besonderes sein, sich absetzen. Damit war es auch Ausdruck der Differenzierung nach sozialen Schichten. Und gleichzeitig ist es ein Zeichen der zunehmenden Distanz der Körper. Wir essen nicht mehr gemeinsam aus einem Topf, wir haben Angst vor dieser leiblichen Nähe und offensichtlich auch vor dem eigenen Körper, denn wir essen ja nicht einmal mehr von dem eigenen Teller - auf dem sonst kein anderer was zu suchen hat - mit den Fingern.

Warum stoßen wir die Gläser an?

Viermilliarden, dreihundertneunundsechzigmillionen, sechshundertundsiebentausend, achthundertzwölf mal wurden in der letzten Silvesternacht Gläser aneinander gestoßen. Bei statistisch 81% aller Deutschen, die Alkohol trinken, und sieben Gläsern in einer Runde von durchschnittlich acht Beteiligten kommt man exakt auf diese Zahl. Dabei spielt weder das Alter noch das Geschlecht der Beteiligten eine Rolle, auch nicht die Form der Trinkgefäße oder der Alkoholanteil des Inhalts. Und das passiert nicht nur hierzulande - auf der ganzen Welt unterwerfen sich Menschen diesem Brauch.

Das Ritual ist immer ähnlich. Häufig stehen die Beteiligten auf, die Gläser werden gehoben, aneinandergestoßen, meistens mit dem Rand, wobei streng darauf geachtet wird, daß jedes Glas mit jedem anderen in Berührung kommt, dann wird eine Formel gesprochen und getrunken. Manchmal gehört es zum Ritual, das Glas in einem Zug zu leeren und in einigen Kulturen, z. B. rechts und links der Wolga, werden die Trinkgefäße anschließend an die Wand geworfen. So weit, so ähnlich, doch woher kommt es?

Auf der Suche nach dem Ursprung erfährt man zunächst einmal, daß es sich um einen Nachahmungsritus handelt: Das war schon immer so, und alle haben es so gemacht, es gehört zum guten Ton und wird dementsprechend in den Benimmbüchern abgehandelt. Allerdings funktioniert der Ritus nur mit Alkohol; mit Wasser nicht, da bekommt man „Läuse im Bauch", wie ein alter Kindervers weiß. Die Praxis der alkoholischen Gärung ist uraltes Kulturgut, und der Alkoholgenuß war immer mit Ritus und Feier verbunden, seit der Steinzeit, doch inzwischen diversifiziert nach Qualität, aber auch nach Quantität. Noch nie in der Geschichte der Menschheit wurde so viel und so häufig Alkohol getrunken wie zur Zeit. Damit steigt dann auch das „Zuprosten", wie die Wissenschaftler den Ritus des Gläserberührens nennen.

Es gehöre zur Kultur der Gastfreundschaft. Einen Becher zu reichen, war bei den Franken das erste Zeichen der Akzeptanz des Fremden. Und das ist kulturübergreifender Standard: Gastfreundschaft mindert die Angst vor dem Fremden, von dem man nicht weiß, was er will und kann. Und das ist bis heute gemeint: man macht Frieden und beendet Streit. Das Zuprosten prägt eine Gruppe, bildet Gemeinschaft, und man geht sich - jedenfalls für diese Zeit - nicht mehr an die Gurgel. Das Anstoßen ist dabei eine Form des Berührens, Symbol der Nähe. Dahinter steht der Wunsch nach Vermischung, man wird intim. Am deutlichsten beim Brüderschaft-Trinken in der Verknüpfung der Arme, bevor mit Ex auf Du getrunken wird.

Doch wer damit angefangen hat? Das ist nach wie vor offen. Vielleicht die Römer, auf die ja auch der uralte Trinkspruch „prost/prosit" zurückgeht: Es möge nützen. Die haben schließlich Glas als Massenware benutzt, und da klingt das Anstoßen natürlich schöner als bei Tontöpfen. Doch es gibt auch eine andere Vermutung: die Germanen. Die haben bekanntlich besonders viel getrunken und regelrechte Saufwettbewerbe veranstaltet. Sie tranken allerdings nicht aus Gläsern, sondern aus Kuh- oder Stierhörnern. Da paßte viel rein, man sah aber nichts von außen. Deshalb knallten sie die Hörner aneinander, um akustisch zu kontrollieren, ob sie auch wirklich voll waren, bevor das Wetttrinken begann. Könnte jedenfalls sein.

Eier köpfen

In irgendeinem Ritterfilm, den Titel und die Story habe ich längst vergessen, aber an die Szene erinnere ich mich genau, wurden die jungen Knappen ermahnt, bei Tisch nicht immer die Eier mit dem Schwert zu köpfen. Dabei flögen nicht nur die Döppgen - wie man am Niederrhein sagt -, also die Eierkuppen durch den Rittersaal, sondern man konnte auch den Nachbarn bei der Aktion verletzen. Und nicht nur für die Eier galt diese Regel der Erziehung. In Gräfin Schönfeldts Benimmbuch „des guten Tons" findet man die fundamentale Erkenntnis, daß „es Dinge gibt, die man nicht mit dem Messer schneidet". Kartoffeln zum Beispiel, und Klöße oder Spargel.

Wenn man nach Gründen sucht, findet man vor allem technische oder praktische Hinweise. Das Besteck läuft an, Stahl wird fleckig bei Kartoffeln und das gute Silbermesser schwarz bei Eiern, und angeblich schmeckt es auch bitter. Außerdem: „Wenn man all diese leckeren Sachen mit dem Messer schneidet, werden sie an der Schnittstelle gern schlitzig und zu glatt." Was immer „schlitzig" sein mag, es ist doch auffallend, daß es immer um das Messer geht. Das Verbot des Schneidens - Fisch ja auch und bei ganz vornehmen Leuten auch Äpfel oder Orangen - hat mit dem Messer zu tun. Und das Messer war zunächst eine Waffe, gefährlich, und machte Angst. Aber andererseits: bei Fleisch oder Brot gibt es das Tabu nicht. Es fällt auch auf, daß es meist um runde Lebensmittel geht. Vielleicht hat das Verbot mehr mit der Form zu tun als mit dem Gegenstand. Das Ei ist in vielfacher Hinsicht Lebensquelle und Symbol des neuen Lebens. Eine Fülle von Mythen ranken um seine Fruchtbarkeit und Zauberkraft, aber auch um Sexualität und Potenz bis hin zum Osterei. Klar, das Ei ist ein Lebensmittel, es wird gekocht und gegessen, aber auch ein Embryo und soll deshalb nicht aggressiv mit dem Messer geköpft, sondern sanft mit dem Eierlöffel aufgeschlagen und abgepellt werden.

Kartoffeln, Klöße oder Äpfel, alle haben die runde, die weibliche Form, wie die Psychologen sagen. Es heißt ja auch treffend, man schneide der Hausfrau die Ehre ab, wenn man den Knödeln mit dem Messer zu Leibe rückt. Und deshalb hat man schon den jungen Rittern beigebracht: niemals das Messer beim Eierköpfen und noch viel weniger den Degen oder das Schwert.

Freitags Fisch

Vor ein paar Jahren haben Bonner Volkskundler die typischen Fastenspeisen des Rheinlands untersucht und sind dabei auf so poetische Gerichte gestoßen wie Buttermilchsuppe mit getrockneten Pflaumen in der Gegend um Kleve oder Pfannkuchen und Panhas in Krefeld. In Rhein-Nähe hingegen wurde vor allem Fisch gegessen, nicht nur in den 40 Tagen vor Ostern, sondern jeden Freitag das ganze Jahr hindurch. Entweder einheimischer Fisch wie Rotauge, Hecht und Zander, als der Rhein noch üppige Beute bot, oder importierter wie Hering und Kabeljau.

Heutzutage spielt das religiöse Fasten nur noch eine geringe Rolle, aber der Freitag ist immer noch ein Tag, an dem Fisch auf den Tisch kommt. Der Handel hat sich darauf eingestellt, denn üblicherweise ist außer dem Montag der Donnerstag Versandtag an der Küste, und freitags wird mehr Fisch verkauft als an jedem anderen Tag der Woche. Warum aber eigentlich?

Die Fastenregeln sind alt, älter als die Kirche, und basieren in vielen Religionen auf mythischen Vorstellungen über Speisen und Essen. Bestimmten Speisen wurden übernatürliche Kräfte zugeschrieben und man wollte andere schädliche Wirkungen fernhalten. Das Fasten war eine Übung in Enthaltsamkeit, aber auch eine Methode, um die Ekstase zu fördern bzw. den Himmel und die Götter gnädig zu stimmen. In der Regel hieß Fasten, sich einmal am Tage satt zu essen und auf Fleisch und andere Tierprodukte wie Eier, Milch, Butter und Käse zu verzichten.

Die Abstinenz von Fleisch wurde schon früh auf den Freitag übertragen, weil dies der Tag der Hinrichtung Jesu war, einer der liturgischen Gedenktage der jungen Kirche. Das war jedenfalls die Theorie, aber die Praxis sah ein wenig anders aus, als das Christentum in die Jahre kam. Vor allem in den Klöstern, die ja vielfältige Fastengesetze und -zeiten kannten, ersann man differenzierte Ausnahmen von der Regel. Und das war der Fisch. Fisch durfte auch in der Fastenzeit und freitags gegessen werden. Der Fisch war schließlich das alte Geheimzeichen der Urkirche und außerdem hatten die Fische ja dank ihrer Schwimmkünste auch ohne Gottes und Noahs Zutun die Sintflut überlebt und standen so außerhalb der überirdischen Heilsregelungen.

Fischessen war kein Bruch des Abstinenzgebotes, und bald gab es ein Fülle von raffinierten Fischrezepten, die noch heute das Wasser im Maul eines jeden Gourmets zusammenlaufen lassen. Überdies waren die Mönche äußerst phantasievoll in der Definition von „Fisch", wozu selbstverständlich auch Wasservögel und Frösche, Biber oder Schnecken zählten. Sie lebten ja schließlich im oder auf dem Wasser. Das raffinierteste aber war das „Wasserkaninchen" in einem Bamberger Kloster. Hier schlachtete man nämlich tragende Kaninchen kurz vor der Geburt ihrer Jungen. Und dann wanderten die Föten in den Kochtopf, als „Fische", sie hatten ja schließlich im Fruchtwasser geschwommen! Eine exzellente Delikatesse und das bei Einhaltung der strengen Fastengebote. Die Hauptsache war ja - auch in der Klosterküche -: Freitags kein Fleisch, nur Fisch!

Spinnen, Käfer, Kakerlaken - Guten Appetit!

Anfang der dreißiger Jahre berichtete der englische Insektenforscher W. S. Bristone über die Eßsitten in Laos, daß man dort Insekten und Spinnen verspeise, aber nicht nur, um dem Hungertod zu entrinnen, sondern weil sie den Leuten schmeckten. „Ein Mistkäfer oder der weiche Körper einer Spinne haben, wenn geröstet, ein knuspriges Äußeres und ein weiches Inneres von der Konsistenz eines Soufflés", schildert der Experte für Kleinstlebewesen. Allerdings fiel es ihm schwer, die Geschmacksrichtungen zu beschreiben. Termiten erinnerten an Kopfsalat, die Riesenspinne an rohe Kartoffeln und Wasserwanzen an konzentrierten Gorgonzola. „Das Essen dieser Insekten verursachte mir keine Beschwerden", so der Wissenschaftler.

Eine unappetitliche Vorstellung für unser Gemüt: Käfer, Spinnen, Mehlwürmer und Kakerlaken zu essen, und Nachtfalter oder sogar Regenwürmer? Widerlich! Dabei sind sie, rein ernährungsphysiologisch betrachtet, proteinhaltige Lebewesen, deren Nährstoffe und Fette einen normalen Hamburger z.B. um ein vielfaches übersteigen. Woher also die Abscheu? Historisch kann sie nicht sein. Die Antike kannte noch Insekten auf dem Tisch: Aristoteles liebte Zikaden, während Aristophanes Heuschrecken bevorzugte. Es können auch nicht, wie oft behauptet, die Krankheitserreger sein, die die Insekten übertragen. Das wäre bei Schweinen oder Hühnern nicht anders, deshalb werden sie ja gekocht oder gebraten und nicht roh gegessen. Auch der harte Chitinpanzer ist kein Argument. Schließlich puhlt man Muscheln, Austern oder Langusten auch aus ihrer Hülle heraus.

Nein, die Abscheu vor dem krabbelnden und flatternden Gewürm ist nicht die Ursache unserer Ernährungsgewohnheiten, sondern Folge der Nahrungsverteilung. Die Anthropologen haben eine „Theorie der optimalen Futtersuche" entwickelt. Danach will jede Küche zunächst einmal mit den lebenswichtigen Nährstoffen versorgen und kein Tier und keine Pflanze ist per se ausgeschlossen. Allerdings funktioniert das nach einer ausgewogenen Kosten-Nutzen-Relation. Proteine und Fette müssen her, die sind aber auch in Spinnen, Würmern oder Insekten reichlich vorhanden. Doch diese Tiere kommen hierzulande eher sporadisch vor, jedenfalls nicht in relevanten Massen, und sie sind ziemlich klein. Während in tropischen Gebieten umgekehrt die Großtiere seltener sind und schwerer zu beschaffen, im Unterschied zu Spinnen, Heuschrecken oder Kakerlaken.

Es gibt eine einfache Faustregel: Häufigkeit, Größe und Menge von Lebewesen entscheiden, ob sie bei der Futtersuche eine relevante Rolle spielen. Das ist die Voraussetzung für unsere Ernährungsgewohnheit, und die ästhetischen Ansichten oder der Geschmack sind die Folge, wie auch die Verachtung und der Ekel.

Allerdings gibt es hin und wieder Ausnahmen von der Regel, wie den englischen Gutsbesitzer Holt, der 1885 vorschlug, die Landarbeiter sollten fleißig Drahtwürmer, Schnakenlarven und Engerlinge essen. Das verdopple nicht nur die Weizenernte, wenn die Schädlinge zu Leckerbissen würden, sondern die Armen kämen auch endlich an ein bißchen Fleisch.

Pferdefleisch - Nein Danke!

In Berlin gibt es zwei Gaststätten, die ausschließlich Pferdefleisch servieren, und nur einen Pferdemetzger in der ganzen Stadt. Vor dem Krieg waren es noch über 60. Das ist überall in Deutschland ähnlich. Pferdefleisch ist out, ein Nischenprodukt, für viele auch tabu. Erstaunlich, denn das Fleisch ist mager und zart, selbst noch bei alten Tieren. Es ist nicht von Fett durchwachsen, schön rot und hat einen leicht süßlichen Geschmack, den man bei Wild ja schätzt. Und ein Pferdesteak ist immer noch billiger als eins vom Rind. Trotzdem hört man die tollsten Argumente dagegen, von der anhänglichen Liebe zum treuen Begleiter des Menschen bis zu der wundersamen Behauptung, Pferde hätten keine Nieren und das Fleisch sei durch Urin verseucht.

Um das Tabu zu ergründen, muß man weit zurückgehen, bis zu den nomadischen Hirtenvölkern, die vor etwa 5000 Jahren in Asien mit der Zucht der Wildpferde begannen: als Reittiere, um die Schaf- und Rinderherden in den riesigen Steppen zusammenzuhalten. Für sie wurden die Pferde zum wichtigsten Produktionsmittel, sie haben sie gepflegt und verehrt, aber sie haben sie auch gegessen. Obwohl das nie der Grund der Züchtung war, denn Pferde brauchen im Unterschied zu Ziegen, Schafen oder Kühen mehr Futter und größere Weideflächen. Sie sind ja keine Wiederkäuer. Die Fleischproduktion wäre also nicht rentabel gewesen.

Aber dann wurden die Pferde vor Wagen gespannt, sie wurden zu Kriegsmaschinen. Die großen Kulturen von China bis nach Ägypten zogen auf Kampfwagen in die Schlacht und gewannen mit dieser überlegenen Militärtechnik ihre Kriege. Erst später ging man dazu über, die bewaffneten Krieger direkt auf die Tiere zu setzen - der Beginn der Kavallerie. Jedenfalls wurden Pferde militärisch so entscheidend, daß man es sich nicht mehr leisten konnte, diese Kriegsmaschinen zu verzehren. Die Folge war das Speisetabu. Selbst die Römer, sonst delikate Feinschmecker, verschmähten das Pferd, während sich der verwandte Esel durchaus auf ihren Speisekarten fand.

Aus den Reitern wurden im Mittelalter Ritter und die Tiere immer stärker. Die Rüstungen wurden ja auch immer schwerer und das wiederum war die Voraussetzung, die kräftigen Pferde in Friedenszeiten vor den Pflug zu spannen oder vor den Wagen. Die Folge war die Verbesserung der Landwirtschaft mit größeren Anbauflächen und besseren Ernten. Und wieder war das Pferd ökonomisch zu wichtig, als daß man es verspeist hätte. Also blieb der treue Kamerad, aber eben doch mehr der feudalen Oberschicht als den armen Massen. Bis zur Französischen Revolution. Da galt das Pferd als Symbol des Adels und der Feudalgesellschaft mit allen Privilegien, die die Revolutionäre bekämpften. Nachher war bekanntlich alles anders. So wie das Pferd vorher Zeichen der Oberschicht war, so wurde es jetzt zum täglichen Gebrauchsgut der Massen: sie haben es verspeist!

Deshalb liegt bis heute Frankreich weltweit an der Spitze des Pferdefleischkonsums. Noch vor China, Japan und Italien. Bei uns in Deutschland werden gerade mal 6000 Tonnen jährlich konsumiert, das sind rund 15.000 Pferde. Gar nichts im Vergleich zum westlichen Nachbarn, dort sind es mehr als zehnmal soviel. Deutschland liegt ganz am Ende der Statistik, aber wir haben ja auch keine Revolution gehabt.

Nach dem Essen ...

Bei dieser Redensart muß ich immer an einen Großvater denken, jedenfalls an einen älteren Menschen. Als Utensilien fallen mir ein: eine Chaiselongue, ein Schlafrock, vielleicht die Zeitung, über dem Bauch gefaltet. „Nach dem Essen sollst Du ruhen, oder tausend Schritte tun." Oder: Nach dem Essen liegt der Opa auf dem Sofa. Joggen ist wohl eher die Ausnahme. Die Redensart zeigt ja eine überaus bequeme Alternative und gilt noch als gesund. Aber: Sie ist falsch, medizinisch falsch und falsch übersetzt.

Die Weisheit stammt aus dem süditalienischen Salerno. Dort gab es im 11. Jahrhundert eine berühmte medizinische Hochschule, die das vor allem von arabischen Ärzten gepflegte Wissen ihrer Zeit mit den Kenntnissen der antiken Medizin vermittelte. Lange bevor es die ersten Hochschulen in Mitteleuropa gab, 100 Jahre vor der Pariser und 300 Jahre vor der Kölner Universität. Im Grunde gehen alle medizinischen Fakultäten des Mittelalters auf Salerno zurück.

Das Wissen um Gesundheit und Krankheit wurde dort in einem Lehrbuch zusammengefaßt, in lateinischen Versen und mit einem passenden Reim am Ende, damit die Studenten sich das besser merken konnten. Vor allem die praktischen Dinge wurden geregelt, die Ernährung und die Körperpflege, Lebensmittel, Speisen und Gewürze, Tips zum Genuß von Alkohol, oder was man bei Blähungen macht. Viele Kapitel behandeln den Aderlaß und die Körpersäfte - damals ging man ja vom Wirken der vier Körpersäfte Blut, gelbe und schwarze Galle sowie Schleim aus und erklärte aus der schlechten Mischung der Säfte die Krankheiten. Schließlich behandelt das Lehrgedicht aus Salerno ausführlich auch, was wir heute „Hygiene" nennen: das Waschen und Baden, die Reinigung des Mundes, Haarpflege und eben das Spazierengehen und den Mittagsschlaf.

An dieser Stelle ist Salerno eindeutig: „Post cenam stabis / Aut passus milia meabis" heißt es gleich im ersten Kapitel oder zu deutsch: „Nach dem Essen sollst Du stehen / oder tausend Schritte gehen." Nun ist das Herumstehen nach einem Vier-Gänge-Menü natürlich langweilig, auch eher anstrengend, und so verfiel man auf den simplen Übersetzungstrick. Die Füße wurden fortan hochgelegt. Das ist zwar nicht so gesund und fördert auch kaum die Verdauung, ist aber bequemer.

3. Kapitel
Körper und Kleidung

Die Aura

Der Psychotherapeut Paul Watzlawick erzählte bei einem Vortrag im Wiener Rathaus über die verschiedenen Arten, wie wir Wirklichkeit wahrnehmen, von einem vornehmen Reitclub in Sao Paulo. Dort mußte das Geländer auf der Veranda erhöht werden, weil immer wieder Menschen rücklings abgestürzt waren. Und zwar ausschließlich Nordamerikaner, die in dem Club zu Besuch waren und auf der Veranda mit den Brasilianern parlierten. Nun gibt es ja einen üblichen Abstand, wenn man sich unterhält, die sprichwörtliche Armlänge. Denkt der Besucher, während der Gastgeber einen anderen Abstand kennt. Also der Amerikaner steht, das Cocktailglas in der Hand, auf der Veranda, der Brasilianer tritt im Gespräch auf ihn zu, will ihm näher sein, der Amerikaner stellt wieder die für ihn richtige Entfernung her, der andere rückt nach, das geht so drei, vier Mal - und irgendwann stürzt der Gast ab.

Es muß nicht immer so enden, aber die unterschiedlichen Maßstäbe für Distanz und Nähe kennen wir auch. Es gibt ja eine Art Schutzraum um uns herum, der zur Privatsphäre gehört und den man nicht verletzt haben will. Götter, Herrscher und Heilige waren für diese Aura besonders prädestiniert, und in der abendländischen Malerei findet man sie mit einer Fülle von Zeichen und Symbolen. Vom Strahlenkranz der Sonne über die goldene Fläche, in der die mittelalterliche Marienfigur steht, bis zum Heiligenschein, dem sogenannten Nimbus. Man erkennt gleich, wer was Besonderes darstellt.

Esoteriker behaupten allerdings, jeder Mensch habe diese Aura, eine Art Astralkörper in mehreren Schichten um den Leib herum, den Auserwählte - sogar in Farben - sehen könnten, und dessen Veränderung und Form Indiz z. B. für Krankheiten sei. Französischen Forschern sei es sogar gelungen, diese Aura zu fotografieren. Allerdings sind die veröffentlichten Abzüge seltsam unscharf.

Anthropologen dagegen definieren diesen Bereich vom Gegenüber, vom anderen her und messen z. B. die Gesprächsabstände. In Europa haben sie dabei drei Zonen festgestellt: die Länder, wo man ganz engen Kontakt zuläßt, wie in Italien, Spanien oder der Türkei, also rund ums Mittelmeer, sie nennen das die Ellenbogenzone; dann die Völker Osteuropas, die auf mehr Abstand achten, sich aber noch berühren können, das ist die Handgelenkzone; und schließlich der weiteste Abstand wie bei uns oder in England und Skandinavien, die Fingerspitzenzone.

Man kann das beobachten. Die Italiener z. B. stehen eng beieinander, aber auch lebhaft im Gespräch, wechseln oft die Position, reden mit Händen, Armen, der Mimik, ihrem ganzen Körper. Die Engländer, das andere Extrem, halten Distanz, verschränken die Arme, verstecken sich in der U-Bahn hinter ihrer Zeitung, Ausdruck ihrer Privatheit und Individualität.

Als Erklärung führt man das Klima an. Wärme rege den Stoffwechsel an, die Sonne beeinflußt das körperliche Wohlbefinden, und bei gutem Wetter und langer Helligkeit gibt es einfach mehr Gelegenheit zur Kommunikation. Insofern ist der Engländer in der Schlange vor der Bushaltestelle, das Gesicht vom Nachbarn abgewandt, nicht Beispiel einer negativen Aura oder Zeichen eines kranken Astralleibs, sondern ganz einfach Opfer des schlechten Wetters.

Hand vor den Mund!

Die Benimmregeln sind sich einig: bestimmte Körperfunktionen muß man verbergen. Z. B. soll man das offene Maul nicht zeigen, obwohl das manchen Zahnarzt erfreuen würde, wenn man seine Produkte sähe. Das wäre dann Markenpräsentation. Statt dessen halten wir uns beim Husten die Hand oder beim Niesen ein Taschentuch vor und versuchen das Gähnen möglichst zu verheimlichen. Vor allem in Gesellschaft tun wir das, aber warum?

Wegen der Hygiene und der Bazillen, wird gesagt. Doch das ist eine Erklärung seit der Aufklärung, denn die Gewohnheit, den Mund zuzuhalten, ist viel älter. Früher haben die Menschen sich beim Gähnen noch bekreuzigt, im Namen der Heiligen Dreifaltigkeit. Der Volksglaube war nämlich fest davon überzeugt, daß sonst die bösen Geister und Dämonen in einen fahren oder wenigstens der Teufel einem in den Mund sehen könnte. Umgekehrt war es beim Niesen, da hielt man die Hand vor den Mund, um zu verhindern, daß die Seele aus dem Körper entflieht. Wir reagieren ja auf das Niesen in aller Regel mit einem herzlichen „Gesundheit". Früher sagte man „helf Gott". Und das ist im Grunde eine Zauberformel, daß nichts Schlimmes passiert und die Seele daheim bleibt.

Dahinter steht die Vorstellung einer Luft- oder Atem-Seele. Seele und Luft wurden als Einheit angesehen. Nach vielen Mythen entstand ja auch der erste Mensch durch das Beatmen der Materie, und diese Atem-Seele könnte durch einen heftigen Luftausstoß wieder aus dem Körper vertrieben werden. Bei dem italienischen Dominikaner Jakob de Voragine, dem wichtigsten Autor mittelalterlicher Heiligengeschichten, wird mehrfach erzählt, daß da einer nieste und im gleichen Moment sein Leben aushauchte oder einer gähnte und tot umfiel. Da ist es schon besser, man hält sich die Hand vor den Mund, damit das nicht passiert.

Es gibt allerdings auch ein paar Gähnereien, die ausgesprochen positiv enden. Wenn zwei gleichzeitig gähnen, ist das ein Zeichen ihrer Zuneigung, und Gähnen am Jahresende verspricht ein gutes neues Jahr. Und wenn die Frau nach dem Koitus gähnt, dann ist sie nicht müde, jedenfalls nicht in der Steiermark, sondern das ist ein sicheres Zeichen, daß sie schwanger geworden ist.

Hände falten

Wahrscheinlich ist dies nicht nur das berühmteste, sondern auch das meistreproduzierte Bild hierzulande: die „Betenden Hände" von Albrecht Dürer. Und jeder kennt diese Geste: die Hände in Brusthöhe gegeneinander gelegt, mit und ohne Kreuzung der Daumen, Zeichen des Betens. Woher aber kommt das eigentlich?

Auf den frühesten Bildern der Christen sieht man Personen mit erhobenen Armen, die Hände flach geöffnet und den Kopf nach oben gerichtet: sie beten. Eine Geste, die der Priester im Kult heute noch praktiziert. Die Kunsthistoriker nennen das „Orans" und erzählen, dies sei schon in der Antike eine Gebärde der Frömmigkeit gewesen und gleichzeitig der Aufblick zu den Himmlischen, den Göttern. Die Christen haben das übernommen und die ausgebreiteten Arme als die Haltung Jesu interpretiert. Der ganze Körper symbolisiere nämlich das Zeichen des Kreuzes.

Nun fragt man sich natürlich spätestens, wenn man in einem Indianerfilm den Häuptling mit ausgebreiteten Armen und erhobenen Händen den feindlichen Kollegen begrüßen sieht, was das mit Jesus zu tun hat. Es scheint nämlich auch in andere Kontinenten eine tiefere Geste zu sein, die Hände zu erheben und damit die entblößte Brust als Zeichen der Friedfertigkeit darzubieten, ein Ausdruck der eigenen Entwaffnung.

In Europa kam die Sitte, zum Beten die Hände zusammenzulegen, lange nach der Gründung des Christentums rund 1000 Jahre später auf und hängt mit der Missionierung der Germanen zusammen. Ihnen symbolisierte das Falten der Hände eine Bindung oder Fesselung; der Lehensmann trat seinem Herrn mit gefalteten Händen entgegen als Bekenntnis seiner Knechtschaft. Die feudale Geste wurde übernommen als Andachtsform: die Hände gefaltet, dazu der Kniefall, immer in dem Bewußtsein, unter seinem Herrn zu stehen.

So brauchten unsere germanischen Vorfahren nach der Bekanntschaft mit den ersten Missionaren nicht groß umzulernen. Das Händefalten waren sie ja gewohnt.

41

Nicht riechen können

"Es dürfen keine Kinder ins Haus, weil die Frau sie nicht mag. Sie kann Kinder nicht riechen", schreibt Heinrich Böll in einem seiner ersten Romane „Und sagte kein einziges Wort". Diese kinderfeindliche weibliche Person ist eine Hausbesitzerin, die zwar katholisch engagiert ist, aber gleichwohl ihre Mieterin Frau Bogner mit zwei Kindern ständig drangsaliert. Sie kann sie eben nicht riechen, und dabei müssen die Kinder nicht einmal ungewaschen gewesen sein oder gestunken haben. Jedenfalls hat Böll das nicht behauptet.

Aber das ist auch egal, denn jemanden nicht riechen, nicht leiden und nicht ausstehen können, das ist ganz unabhängig vom Körpergeruch. So wie das Wort „Geruch" von seiner Herkunft auch gar nicht mit dem „Riechen" zusammenhängt, sondern von „Gerücht" stammt, das wiederum vom „Gerufe" oder „Rufen" abgeleitet wird. Es hat etwas mit der Stimme, der Sprache, mit menschlichen Eigenschaften zu tun, wogegen man das Riechen für ein letztes Refugium der niederen, der tierischen Natur im Menschen hält.

Immanuel Kant hat einmal den Geruchsinn als den entbehrlichsten aller Sinne bezeichnet. Die Sache mit dem Riechen war ihm wohl unheimlich. Nicht nur ihm, denn bis heute ist es den meisten ein Geheimnis, wie das funktioniert mit dem Riechen und der Nase. Es handelt sich um einen stammesgeschichtlich tief verwurzelten Instinkt. Bei den Tieren kennt man das, sie verteilen Körpersekrete, um per Geruch Reviere und Bereiche abzustecken. Und in der Brunftzeit produzieren die weiblichen Tiere solche Sekrete, mit Geruchsstoffen angereichert, um Paarungsbereitschaft zu signalisieren. Solche Sexuallockstoffe scheinen die chemische Voraussetzung der Paarung überhaupt zu sein, auch wenn es unserer eitlen Annahme widerspricht, die Erotik sei die Voraussetzung der Sexualität. Die Naturwissenschaftler haben diese Duftstoffe, sogenannte Pheromone, nämlich auch beim Menschen gefunden.

Wir können uns riechen, das heißt eben ganz streng naturwissenschaftlich: die tief in unseren Erbanlagen aufgefangenen Chemosignale sind angekommen, wir reagieren mit Sympathie, vielleicht Erotik - und so weiter, wie bekannt. Und wenn wir jemanden nicht riechen können, dann haben wir eben keine Chemobotschaft empfangen.

In der Nase bohren?

Die deutschen Lexika sind merkwürdig zurückhaltend bei dem Stichwort „in der Nase bohren". Es ist nicht im Duden zu finden, auch nicht im Brockhaus, nicht einmal in Peltzers „Das treffende Wort". Und das Objekt der Begierde, der „Nasenschleim", lateinisch „Mucus Novium", kommt in Zedlers Universallexikon zwar im Jahre 1740, später aber nicht mehr vor. Selbst die Brüder Grimm, sonst jedem Wörtlein akribisch auf der Spur, fertigen in ihrem „Deutschen Wörterbuch" den „Popel" mit drei Zeilen ab: er sei eine vermummte Gestalt und in Leipzig „ein Hausgeist, mit dem die Kinder geschreckt werden".

Die Kinder wissen vermutlich besser, worum die Wissenschaft so herumschleicht, ist es doch alltägliche Praxis, vornehmlich den kleinen oder den Zeigefinger in die Nase einzuführen und unter Ausnutzung des Widerstands zwischen Fingerkuppe und Fingernagel die inneren Nasenwände entlang zu fahren, dort nach festen Ablagerungen zu suchen, die dann vorsichtig aus dem Nasengang herausgerollt und zwischen Daumen und Zeigefinger zu kleinen Kügelchen verarbeitet werden. Chemisch ist der „Mümmel" das Sekret der Nasenschleimhäute, überwiegend aus Wasser, abgesondert zur Befeuchtung der Atemluft, und nur zum kleinen Teil ein Granulat, das u.a. ein Dutzend verschiedener Proteine enthält. Alltagsforschungen machen deutlich, daß das Nasebohren ein geschlechtsspezifisches Vergnügen ist, vornehmlich von Männern ausgeübt in Phasen von Ruhe und Entspanntheit. An jeder Ampel kann man sie bei Rot beobachten, mit einem Finger in der Nase. Nahezu ein Medium zur Kontemplation.

Wenn es aber jeder macht, oder fast jeder, woher dann die Abscheu, der Ekel und das Tabu?

Praktisch gesehen handelt es sich beim Nasebohren um einen Vorgang des Säuberns. Zu den Geboten der täglichen Waschungen bei den Muslimen zählt ja auch das dreimalige Ausspülen der Nase. Aber es ist viel mehr ein Akt des Vergnügens, den Finger in die dunkle Höhle zu stecken. Es ist warm und feucht und verursacht in aller Regel ein Wohlgefühl. So jedenfalls die Aussagen passionierter Popler.

Der Arzt Wilhelm Fließ, ein Jugendfreund des Psychoanalytikers Sigmund Freud, hat sich ausführlich mit der Nase beschäftigt, dem Riechorgan, das in vieler Hinsicht auch ein Sexualorgan ist. Alle Gebärmutterreflexe wirken direkt auf die Nasenschleimhaut, und es gibt diverse Zusammenhänge zwischen genitalen und nasalen Reaktionen, da die Schwellkörper hier wie dort vom selben Nervensystem beherrscht werden. Das weiß auch der Volksmund mit seiner Erkenntnis: „An der Nase des Mannes erkennt man sein' Johannes." Wie auch immer, Nase und Geschlecht hängen zusammen, und wohl daher rührt das Tabu mit dem Nasebohren und das wissenschaftliche Desinteresse am Mümmel. So wie es auch im allgemeinen Ekel hervorruft, wenn man die Details der Entsorgung erörtert, wie z.B. die Sache mit den erwähnten Proteinen im Schleim, die zuweilen auch der Nahrungszufuhr dienen.

Doch das wäre ein anderes Thema, wohin mit dem Popel? Das hat selbst die Dichter beschäftigt, so wie Leo Tolstoi: „Menschen, die in ihren Nasen bohren und das Gefundene an der Unterseite des Eßtisches plazieren, haben es nicht verdient, in den Himmel zu kommen."

Bitte nicht schmatzen!

Der Bischof von Verona hatte einmal den Grafen Richard zum Essen eingeladen, einen Mann, der beschrieben wird als „gentilissime cavaliere e di belissime maniere", also einen Gast mit erstklassigem Benehmen. Allerdings mit einem ganz kleinen Fehler. Doch höflich wie der Gastgeber war, schickte er nach dem Diner seinen Diener Galateo ein Stück des Heimwegs mit und ließ dem Grafen erst zum Abschied versichern, nie habe er einen Edelmann mit besseren Manieren gesehen, allerdings: „Er schmatze zu laut mit den Lippen beim Essen, und das Geräusch sei für andere übel anzuhören".

Diese Geschichte wird von Giovanni della Casa, Erzbischof von Bennevent, in einem Benimmbuch erzählt, das er Mitte des 16. Jahrhunderts publizierte. Hier illustriert sie zwei wichtige Regeln: erstens soll man einen Verstoß gegen die Etikette dem Betroffenen allein und freundlich mitteilen, und zweitens soll man beim Essen nicht schmatzen. Das zweite gilt ja immer noch. Jedenfalls in unseren Breitengraden, während es im Maghreb zum Beispiel überhaupt nichts Anstößiges ist, beim und vor allem nach dem Essen Laute körperlichen Wohlbehagens von sich zu geben - also zu schmatzen und zu schlürfen, aufzustoßen oder zu rülpsen. Dort sind es akustische Signale von ausgesprochen positiver Provenienz.

Unsere Ablehnung der Körpergeräusche hat dagegen etwas mit der Distanz zu tun, die wir erst zu den anderen und dann zu unserem eigenen Körper einzunehmen gelernt haben. Das Wort „schmatzen" stammt vom althochdeutschen „smakezen", ist mit dem Schmecken verwandt und bedeutete „mit Wohlgefallen laut essen". Ein Rest des alten Vergnügens der Betätigung aller körperlichen Sinne ist in dem süddeutschen Wort „Schmatz" für Kuß noch enthalten. Die Ablehnung des Schmatzens begann im späten Mittelalter an den adeligen Höfen zu der Zeit, als der italienische Erzbischof seinen „Galateo" verfaßte, denn nach dem Diener heißt dieses Benimmbuch. Der erste Grund war, der höfischen Schicht beizubringen, wie man seine Affekte beherrscht. Der zweite Grund, die Standesunterschiede deutlich zu machen.

Gerade im Benehmen illustrierte man sehr genau, wie man anders ist. Ob Tischmanieren oder Grußrituale, die Kleidung und der Körper. Hier zeigen sich die feinen Unterschiede, von denen manche meinen, es seien die der Feinen. Jedenfalls hatten die Argumente für die guten Manieren noch nie mit Hygiene oder Ordnung zu tun, wohl aber mit Gefühlen. Es ist uns einfach widerlich, wenn einer rülpst oder schmatzt, obwohl es nicht das Essen verdirbt, sondern höchstens die gute Laune.

Über einen Kamm scheren

In kaum einem der zahlreichen Bücher über das Mittelalter fehlt die Darstellung einer Badestube. Wir kennen das Bild: ein großer Bottich aus Holz, obendrauf ein Brett, auf dem zu Essen und zu Trinken stehen. Das Personal dezent, manchmal auch einige Musikanten im Hintergrund, und im Wasser sitzen eng beieinander Personen beiderlei Geschlechts, Männer wie Frauen. Man sieht natürlich nur die Schultern und Köpfe oberhalb der Wasserlinie, aber was darunter im Wasser geschieht, das kann man sich freihändig ausmalen, ohne viel Phantasie. Das Thema, das wir dabei ˙assoziieren, ist weniger Hygiene als Sexualität im Mittelalter. Wir denken uns eine freizügige, unbeschwerte, ja promiskuitive Gesellschaft bei diesem Bild.

Chef eines solchen Etablissements war der Bader, der nicht nur für das warme Wasser zuständig war, sondern auch die niedere Chirurgie besorgte, also die Zähne zog oder die Kunden zur Ader ließ und der mit Kamm und Schere umging, die Haare schnitt oder die Herren rasierte. Wahrscheinlich hängt es mit den lockeren Sitten im Badehaus zusammen, daß dieser Beruf früher als unehrenhaft galt,

jedenfalls bis ins 15. Jahrhundert, und dann änderte sich sowieso alles. Es war die Zeit der Pest, der ersten und europaweiten Epidemie, die die Menschen in Angst und Schrecken versetzte. Damit begann ein Rückzug ins Private, öffentliche Lustbarkeiten wie die Badehäuser nahmen ab. Man wußte zwar nicht genau, wie die Ansteckung funktionierte, hatte aber Angst vor intimer Nähe. Etwas ähnliches übrigens wie später zu Zeiten der Syphilis, und es ist kein Wunder, daß anschließend das Baden und das Waschen selbst als ungesund verpönt wurde.

Und in solchen Zeiten achteten die Menschen eben genauer darauf, mit welchem Kamm der Bader sie kämmte. Es war ihnen nicht egal, wer vor ihnen dran war und was der vielleicht an Schorf und Schrunden auf dem Schädel hatte. Sie wollten verständlicherweise nicht mit demselben Kamm gekämmt werden. Die besseren Leute hatten sicherlich auch ihre eigenen. Daher stammt unsere Redensart „über einen Kamm scheren", womit wir ausdrücken, daß alles nach demselben Schema behandelt, gleichmäßig und ohne Unterschied betrachtet wird.

Täglich duschen

Im Jahre 1964 erkundigte sich Elisabeth Noelle-Neumann bei den erwachsenen Männern der Republik, wie oft sie in die Badewanne steigen. 56 Prozent badeten damals wöchentlich, 24 Prozent alle drei Tage und nur jeder zehnte täglich. Zehn Jahre später hatte sich diese Zahl schon verdoppelt und der Trend hielt und hält an, auch wenn die Mehrheit heute nicht mehr badet, sondern duscht. Die tägliche Dusche gehört - immer noch deutlich mehr bei den Frauen als bei den Männern - zum morgendlichen Ritual. In Amerika, so erzählt man, steigen viele sogar mehrfach täglich unter die Dusche. Woher aber dieser Hang zum heißen Wasser und seit wann?

Die ältesten Kulturen am Ganges und am Euphrat waren immer auch Badekulturen, das Wasser spielte eine wichtige Rolle im Kult und in der Architektur. Das Bad war Vergnügen, Kunst und Kommunikation zugleich. Wie wichtig, macht der Prophet deutlich, heißt es doch in einer Sure des Koran: „Du magst dem anderen das Weib stehlen, das Pferd, die Ehre, aber nicht das Wasser", und damit hat er nicht die Viehtränke gemeint. Wir kennen das auch aus unseren Breitengraden mit den fröhlich-erotischen Badestuben des Mittelalters. Beim Konzil von Konstanz z. B. wurden mehr als 500 Badedirnen gezählt, die aus allen Himmelsrichtungen in die Stadt strömten, um den Kirchenvätern den Rücken einzuseifen. Damit war es vorbei im 16. Jahrhundert, nach den Zeiten der Pest und vor allem mit der Ausbreitung der Syphilis. Die nachfolgenden Generationen waren in einem Ausmaß wasserfeindlich, wie wir es uns nicht vorstellen können. Dazu trugen vor allem die Ärzte bei, die in Konkurrenz zu dem alten Lustberuf der Bader behaupteten, das Wasser, vor allem das heiße Wasser, öffne die Poren, ermögliche das Eindringen von ungesunden Luftschwaden und schädige die Organe. In dieser Zeit des Barocks kam die „trockene Toilette" in Mode, Puder und Parfüm verdrängten das Wasser vollständig. Sauberkeitsnormen bezogen sich nur auf die Wäsche und die äußere Erscheinung. Die Folge war ein Gestank, den die Duftessenzen und Parfüms kaum unterdrücken konnten, sowie die Verbreitung von Flöhen und Läusen. Die wallende Kleidung oder die kunstvollen Perücken, die neu erfundenen Dessous, Seide, Taft und Roben waren ja ideale Brutstätten.

Im 19. Jahrhundert erst, angesichts von Seuchen und Epidemien, diskutierte man wieder über die Vorteile der Hygiene und forderte öffentliche Bäder einzurichten. Private Bäder hatte es immer gegeben, aber nur als seltene Ausnahme in Schlössern und Palais. 1761 wurde die erste Badeanstalt in Paris eröffnet. In Deutschland folgten erst 1855 Hamburg und Berlin. Diese Wannenbäder entsprachen dem neuen Lebensgefühl des Bürgertums, waren aber teuer und auch nicht für die Massen vorgesehen, die nach wie vor in Schmutz und Enge lebten. Aber schon damals machten sich kluge Ingenieure Gedanken, wie der Wasserverbrauch gesenkt und die Badefrequenz erhöht werden könne. Der Durchbruch kam beim Militär. 1857 führte der französische Militäringenieur Duval beim 33. Linienregiment in Marseille die erste Massendusche ein. Das ging schneller, viele Soldaten konnten gleichzeitig unterm fließenden Wasser stehen, man verbrauchte weniger und es war billiger. Es folgten die stehenden Bäder in den Gefängnissen, bis die Einzelduschen 100 Jahre später in allen Haushalten selbstverständlich wurden.

Glattrasiert

Der Westgotenkönig Theoderich II., der Mitte des 5. Jahrhunderts amtierte, leistete sich bei Hofe einen eigenen „tonsor", einen Friseur, der täglich antreten mußte. „Die Schläfen sind mit einem dichten Bart verziert, berichtet der römische Dichter Sidonius Apollinaris, „aber den Bart, der auf dem unteren Teil des Gesichts wächst, rasiert der Barbier regelmäßig bis auf die Wurzel, gibt den Wangen so den Anblick der Jugend zurück." Tägliche Rasur und glatt bis auf die Haut - damals war das bemerkenswert, heute ist das selbstverständlich. Man(n) rasiert sich jeden Tag, bisweilen mehrmals, und Haare im Gesicht, das ist eher die Ausnahme von der Regel.

Die Sache mit dem Bart und der Rasur ist alt - schon in der Bronzezeit, vor mehr als 3500 Jahren, kannte man Rasiermesser - und sie ist kompliziert. Das hängt mit den Haaren zusammen. Haare sind immer Ausdruck und Gegenstand unseres Selbst- und Fremdbildes. Was wir sind und wie wir gesehen werden wollen, das drücken die Haare aus. Lang oder kurz, Bart oder Schnurbart, Glatze oder Schmuck, die Form, die Farbe, alles spielt eine Rolle, und jeden Trend hat es in der Geschichte schon gegeben.

Die Römer waren gut rasiert, die Franken trugen lang als Zeichen ihrer Freiheit, im frühen Mittelalter waren eher Bärte angesagt, aber als dann im 12. Jahrhundert wieder bartlos in Mode kam, da wetterte die Kirche gegen diesen sündigen Hang zur glattrasierten Jugendlichkeit. Das war übrigens auch die Zeit, als der Beruf der Barbiere - vom lateinischen „barba" für Bart - aufkam. In den Zeiten des Barocks und des Rokokos waren Perücken der letzten Schrei, dafür war man vorne glatt rasiert, denn beides paßte nicht zusammen. Nach der Aufklärung trugen dagegen die Liberalen Bart, den Demokratenbart. Ende des letzten Jahrhunderts ließ sich der Bürger wieder rasieren, die Masse der Arbeiter und Bauern aber nur einmal in der Woche, samstags oder am Sonntag morgen.

Dann machte der Amerikaner King Gilette im Jahre 1895 eine geniale Erfindung: den Naßrasierer. Und 1903 kam seine Wegwerfklinge auf den Markt. Jetzt war es vorbei mit dem blutigen Schaben, Kratzen und Schneiden, wie es jahrhunderte- ja jahrtausendelang geherrscht hatte. Technisch waren damit die Voraussetzungen der bequemen, der häufigeren und vor allem der häuslichen Rasur gegeben. Aber noch nicht mental. Der Durchbruch kam in den Schützengräben des ersten Weltkriegs. Hier begannen sich die Soldaten öfter zu rasieren, denn mit Haaren im Gesicht hätte die Gasmaske nicht richtig gepaßt. Die Folge war die tägliche Rasur, die sie auch nach dem Krieg beibehielten.

Denn jetzt war glatt der Ausdruck der Moderne, der Kultur der Angestellten. Sich selber täglich - früher naß, heute elektrisch - zu rasieren, wurde zum Zeichen für das Tempo der Zeit und Bärte wieder Symbol für das Besondere, das andere. Womit sich eigentlich ja nur die alte These bestätigt, daß der Krieg der Vater aller Dinge ist.

Das Deodorant

Ob Shampoo oder Parfüm, Rasierwasser und Seife, Cremes, Sprays oder Stifte: in der Werbung geht es meistens darum, gut zu riechen und angenehm aufzufallen. Oder auch umgekehrt, keine Duftnote zu hinterlassen, jedenfalls keine eigene. „Deodorant" heißt das Zaubermittel, das längst zum alltäglichen Gemeingut geworden ist, am Morgen auf jeden Fall und häufig mehrfach täglich, von Männern fast mehr gebraucht als von Frauen. Der Brockhaus klärt auf, daß es sich beim Deo grammatikalisch um ein Neutrum handelt, das Deodorant; und chemisch um Bakteriostatika, Wirkstoffe, die die bakterielle Zersetzung von Schweißinhaltsstoffen hemmen. Jedenfalls findet man diese Erklärung in der Ausgabe von 1988, während drei Generationen früher das Wort im Lexikon noch gar nicht vorkommt.

In seinem Roman „Das Parfüm" hat Patrick Süskind für die Stadt Paris anschaulich beschrieben, wie es früher roch: „Die Menschen stanken nach Schweiß und nach ungewaschenen Kleidern; aus dem Mund stanken sie nach verrotteten Zähnen, aus ihren Mägen nach Zwiebelsaft und an den Körpern, wenn sie nicht mehr ganz jung waren, nach altem Käse und saurer Milch und nach Geschwulstkrankheiten. Es stanken die Flüsse, es stanken die Plätze, es stanken die Kirchen, es stank unter den Brücken und es stank in den Palästen."

Das war im späten Mittelalter, als die Menschen in die Städte drängten und es immer enger wurde, und so roch es noch bis weit ins 18. Jahrhundert. Denn erst spät fing man an, Geruch als Gefahr oder Belästigung überhaupt wahrzunehmen und zunächst mit Parfüm zu bekämpfen, als Deckel über allem, was man nicht mehr riechen mochte. In französischen Abhandlungen zur Gesundheitspflege wurde noch vor 100 Jahren empfohlen, die Haut mit getrockneten und zerriebenen Rosenblättern abzureiben, „um den Ziegengestank unter den Achselhöhlen zu beseitigen".

Angefangen hatte damit die Aristokratie, für die es vor allem ein Mittel der Distanz war, sich abzugrenzen von den Mitmenschen. Über die Höfe gelangte es ins Bürgertum und ist heute bei den Massen angekommen. Inzwischen gilt ja als rückständig, wer seinen Körpergeruch nicht mehr neutralisiert. Was früher einmal die Angst vor dem fremden Körper war, ein Medium, um Gesellschafts- und Klassenschranken zu markieren, ist zur Distanz zum eigenen Körper mutiert. Man ist sich selber fremd, kann sich nicht mehr riechen.

Objektive Maßstäbe für die sogenannte Hygiene gab es nie. Ob Gestank oder Sauberkeit, Ansteckung oder die Furcht, unangenehm aufzufallen, alles sind Rationalisierungen. Denn tatsächlich ging und geht es immer um Gefühle. Doch das muß den deutschen Ordnungssinn nicht schrecken. Wir haben nämlich eine Norm, die Deutsche Industrie Norm 1946, den olf, eine Abkürzung für „olfaction", Geruchsinn. Ein olf meint die Geruchsmenge, die ein Mensch abgibt, der durchschnittlich alle 1,5 Tage duscht und täglich die Unterwäsche wechselt. Die Norm legt für die Büroluft 1 olf fest, ab 2 olf hilft das Deodorant.

Die Zahnbürste

In der „Cronica Mexicayotl", dem Bericht über die mexikanischen Völker vor der Eroberung durch die Spanier, wird von einem König in Tlatelolco berichtet, der 1473 eine Frau aus Tenochtitlan heiratete, sie aber nach der Hochzeit wegen ihres atemberaubenden Mundgeruchs nicht anrühren mochte. Darüber kam es zum Krieg. Ob das die Mundhygiene der Dame befördert hat, wissen wir nicht. Wir wissen jedoch, daß man sich damals mit Alaun, einem ätzenden Salz, und einer breitgeklopften Pflanzenwurzel die Zähne reinigte. Wahrscheinlich nur einmal jährlich, während sich heutzutage alle Welt täglich die Zähne putzt, manche mehrmals am Tage.

Ähnliches wie in Mexiko wird bereits in der Antike von der Mundpflege berichtet. Meist waren es Pflanzen wie Minze, in Indien der Ingwer, oder auch Asche, die man auf die Zähne rieb, wobei der Mundgeruch eine größere Rolle spielte als die Prophylaxe. Das älteste Instrument zur Säuberung der Zähne ist wohl der Zahnstocher, schon in Mesopotamien bekannt und im Rom der Kaiserzeit ein üblicher Toilettenartikel aus Federkiel, Holz oder Bronze. In besseren Kreisen war der Zahnstocher so selbstverständlich, daß er nach dem Sachsenrecht des Mittelalters zu den unveräußerlichen Teilen der weiblichen Aussteuer gehörte. Noch heute sind in manchen kulturhistorischen Museen die edlen Stocher zu bewundern, meist aus Elfenbein oder Horn, mit Perlmutteinlagen, teilweise mit Edelsteinen, und immer in teuren Schatullen.

Aber trotz des bekannten Stocherns spielte die Frage der medizinischen Vorsorge nur eine geringe Rolle, häufig kannte man den Zusammenhang von Mundpflege und Zahnschmerzen auch nicht. Statt dessen versuchte man sich mit den merkwürdigsten Mitteln zu helfen: Späne von einem Friedhofskreuz, mit denen man dem faulen Zahn zu Leibe rückte, sind da noch halbwegs verständlich. Aber den Schmerz vergraben oder ersäufen, oder barfuß im Keller herumrennen, erscheint uns heute eher zwecklos. Und ganz aberwitzig wirkt das Rezept, mit dem Finger einer Leiche die entzündete Stelle zu drücken oder einer lebenden Maus den Kopf abzubeißen. Aber bevor man „widerlich" sagt, möge man bedenken, welche Schmerzen die Menschen aushalten mußten, als es noch nicht das kleinste Aspirin gegeben hat.

Eine der ersten Zahnbürsten, die erhalten geblieben sind, ist die von Napoleon, heute im Londoner Science Museum. Aber das war seinerzeit die Ausnahme, und es dauerte bis Anfang unseres Jahrhunderts, bis die Zahnbürste zum Alltagsgegenstand wurde, und erst in den 20er Jahren galt die tägliche Zahnpflege als üblich.

Entscheidend hierzulande hat dazu die 1900 in Dresden erstmals eingeführte Schulzahnpflege beigetragen. Das kennt doch jeder:

„Nach dem Aufstehn und dem Essen,
Zähne putzen nicht vergessen."

Knöpfen Sie männlich oder weiblich?

Ich habe einmal dem Chef einer Kulturstiftung zugesehen, der Bankern sein Programm erläuterte und in dem Moment, als er hinter seinem Pult hervortrat, eigentlich eher unbewußt mit der rechten Hand seine Jacke zuknöpfte. Es war nur ein Knopf, aber die Geste war klar, ein symbolischer Akt: er wollte nicht ungeschützt erscheinen. Und er machte das mit einer Hand, mit seiner rechten. Wäre eine Frau die Chefin der Stiftung und hätte die eine Kostümjacke angehabt, hätte sie das mit links machen müssen. Das ist bei vielen Kleidungsstücken so, ob Jacke, Bluse, Hemd oder Mantel: Frauen haben die Knöpfe rechts und knöpfen mit links, bei Männern ist das umgekehrt.

Als Erklärung wird häufig auf Napoleon verwiesen. Von dem kennt man ja die berühmten Bilder, wie er in stolzer Pose dasteht, eine Hand in Brusthöhe unter dem Revers seiner Uniform. Die rechte Hand, das war seine Kampfhand, und die mußte schön warm und geschmeidig bleiben. Bei allen Kriegern wurde der Kampfanzug deshalb entsprechend geknüpft, damit sie ihre Rechte in den Mantel oder früher auch in das Fell stecken konnten. Schön diese Interpretation, doch erklärt sie nicht, warum das bei Frauen anders ist.

Seitdem die Menschen sich anziehen, mußten sie ihre Kleidung schließen: mit Bändern oder Spangen und Fibeln. Knöpfe gab es zwar schon seit Jahrtausenden, aber eher als Schmuckstücke. Manche Nomaden trugen ihre Werte wie Knöpfe sichtbar an der Kleidung. Sie hatten ja auch keinen Tresor daheim. Aber dann irgendwann nach den Kreuzzügen, und die Historiker sagen, vieles hätten wir damals von den Arabern gelernt, kamen die Knöpfe aus dem Orient ins Abendland. Zunächst als Standeszeichen und Schmuckstücke der Herrenmode - August der Starke z. B. trug pure Goldknöpfe an seiner Weste- und später zum Zuknöpfen. Aber dazu mußte erst das Knopfloch als Gegenstück entdeckt werden, eine Erfindung der europäischen Mode. Das war im Mittelalter, als die enge Kleidung chic wurde, ganz dicht am Körper getragen, und mit der man die Figur betonte. Voraussetzung dafür war der Knopf mit dem Knopfloch oder die Knopfleiste, denn damit konnte man so eng knöpfen, wie der Körper das eben gestattete.

Es gab nur einen Unterschied. Die Männer zogen sich selber an und zwar mit der rechten Hand, da die meisten Rechtshänder sind. Damen ließen sich anziehen - von Zofen und Dienerinnen, und die haben natürlich auch mit rechts gearbeitet, standen aber vor ihnen. Und seitdem haben sie ihre Knöpfe links.

Den Hut abnehmen

Vor einigen Jahren konnte man noch Klagen der Hutindustrie über das nachlassende Interesse an diesem wichtigen Accessoire der Männerkleidung hören. Die 68er mit ihrem Prinzip der nachlässigen Bequemlichkeit seien schuld am Hutdesaster und außerdem: die langen Haare, dazu passe einfach kein Hut. Inzwischen sind die Haare kürzer, manche haben auch eine Glatze und man(n) trägt wieder Hut. Das heißt aber auch, man nimmt ihn ab bei der Begrüßung, wenn man sich wohlerzogen benimmt, oder hebt doch wenigstens die Hand und führt sie kurz an die Kopfbedeckung als Zeichen, daß man eigentlich abnehmen könnte, wenn man wollte.

Hüte als Kopfbedeckung sind uralt. Schon in der älteren Eisenzeit sind sie nachgewiesen, und auch die Antike kannte sie. Im späten Mittelalter kam es zu ganz außerordentlichen Kreationen, vor allem in Burgund und in Italien: Hauben, Kappen, Hüte mit Wülsten aus kostbaren Stoffen, verziert mit Perlen; in Spanien der hohe Hut mit Feder zur Halskrause und in den Niederlanden das Modell Rembrandt mit der breiten Krempe. Der Hut war Zeichen und Vorrecht des freien Mannes. Könige, Adel und Priester trugen ihn als erste und man konnte (und kann manchmal heute noch) an der Kopfbedeckung die soziale Stellung oder das Amt, das Alter und Geschlecht oder auch die Religion ablesen. Der Hut war pars pro toto für den ganzen Menschen, und so sprechen wir davon, daß jemand „den Hut nehmen" muß, wenn ihm gekündigt wird, oder was „auf den Hut" bekommt, wenn

einer abgekanzelt wird. Die Identifikation von Hut und Person ist der dramatische Effekt in Schillers „Tell", wenn die Schweizer freien Bürger einen Hut grüßen sollen, als ob er der Landvogt Geßler selbst wäre.

Grüßen bedeutete selber den Hut zu ziehen, falls man einen auf dem Kopf hatte. Denn im Mittelalter war das Hutabnehmen ein Zeichen der Lehenshuldigung, und umgekehrt galt es als ein besonders Vorrecht, den Hut in Gegenwart eines Herrschers aufbehalten zu dürfen. Das hatte sicherlich eine militärische Note aus der Ritterzeit, wenn zwei gepanzerte Reiter als Zeichen gegenseitiger Anerkennung ihre Visiere öffneten - eine Geste mit friedlicher Absicht, denn durch das Öffnen war man schließlich verwundbar. Und diese Abrüstungsmaßnahme mußte zunächst einmal der Untergebene erweisen.

Die bürgerliche Kultur übertrug die kriegerische Helmsitte auf den friedlichen Filzhut, und das Abnehmen des Hutes schwächte sich ab zu einer reinen Höflichkeitsbezeugung. Jedenfalls bei den Männern, denn die Frauen dürfen nach wie vor den Hut aufbehalten, sogar in der Kirche. Im Gegenteil: Die Frauen wurden früher mit der Heirat gezwungen, den Kopf zu bedecken, das offene Haar zu verbergen oder in der jüdischen Tradition und in katholischen Nonnenklöstern, die Haare ganz abzuschneiden, als Zeichen ihrer Unterwerfung. Frauen kamen „unter die Haube", und deswegen müssen sie heute noch den Hut aufbehalten.

4. Kapitel

Der Nachbar auch

Grüßen und Verbeugen

Europäer, die das erste Mal in Japan waren, erzählen oft voll Verwunderung von den in ihren Augen devoten Begrüßungszeremonien, dem Abstand, den die Japaner halten, und den abgezirkelten Verbeugungen. Wir kennen das ja nicht, nicken uns vielleicht zu, wenn wir uns treffen, heben lässig die Hand und sagen: „Hallo." Nur in förmlichen Situationen erlebt man noch den Diener oder den Knicks. Sie scheinen Ausdruck einer anderen, hierarchischen Gesellschaft zu sein, die oben und unten noch genau kennt und Wert auf die Einhaltung der sozialen Distanz legt. Im Kult kommt das natürlich noch perfekter vor: der Hofknicks beim Adel oder bei der Priesterweihe, wenn die Kandidaten sich vor dem Bischof flach auf den Boden werfen.

Die Botschaft ist klar: Unterwerfung oder Unterordnung. Auf dies kann man viele häufig nur noch angedeuteten Höflichkeitsformen zurückführen: Wer geht vorn und wer hinten, wer begrüßt zuerst und wer stellt vor, wer steht zuerst auf, nimmt den Hut ab oder läßt die Handschuhe an?

Aber dahinter steckt noch eine andere Realität: die Notwendigkeit, ja der Zwang, sich überhaupt zu begrüßen, ganz gleich, ob Hände geschüttelt oder Küsse getauscht werden, ob man die Nasen aneinanderreibt oder den ganzen Mensch umarmt. Im germanischen Wort für grüßen, „grotjan", steckt noch die alte Bedeutung, „einen zum Reden bringen", und die Ethymologen sagen, noch das mittelhochdeutsche „gruezen" hätte einen teilweise feindlichen Sinn gehabt. Grüßen bedeutet ja in aller Regel den Beginn der Interaktion, und man weiß natürlich nicht, mit welcher Absicht der andere einem begegnet. Um so wichtiger ist es, von vornherein Vertrauen zu schaffen und Sicherheit herzustellen. Das leistet der Gruß. In der mittelalterlichen Ritterwelt wurde auf diese Formen ganz genau geachtet, denn erst, wenn sich zwei begrüßt hatten, war klar, daß sie sich wenigstens an diesem Tag nicht totschlagen.

In der benediktinischen Ordensregel ist festgelegt, daß die Mönche Fremde und Pilger als Gäste aufnehmen sollen, sie bewirten und übernachten lassen. Der Prior empfängt sie selber, aber vor dem Begrüßungskuß, da soll er erst beten - „wegen teuflischer Vorspiegelungen". So lautet die merkwürdige Erklärung des Hl. Benedikt für das Gebet vor dem Gruß. Selbst in dieser religiösen Form und in dem Bild des Teufels wird noch etwas von der Gefährdung beim Gruß deutlich. Man muß das Unheil abwehren, beten, um sich vor teuflischen Gefahren zu schützen. Andere Kulturen und Zeiten sprechen da vom „bösen Blick" als der Gefahr und meinen doch dasselbe.

In allen Kulturen hat sich ein umfangreiches Repertoire des Begrüßens herausgebildet: von den ersten Blicken über die Kontaktaufnahme, die Annäherung und körperliche Berührung bis zur verbalen Kommunikation. Und selbst noch in den allermodernsten Benimmbüchern nimmt das Thema breiten Raum ein. Im Gegensatz zum Verabschieden übrigens, da gibt es kaum ein Ritual und überhaupt keine Vorschrift. Das ist klar, man hat ja das Schlimmste hinter sich.

Die Hand geben

Von den Franzosen kennt man das: Sie küssen sich zur Begrüßung. Nicht so richtig auf den Mund, eher hinegehaucht auf die Wangen, aber immerhin dreimal - rechts, links und nochmal rechts. In Nordafrika küßt man sich sogar vier- bis fünfmal. Die Eskimos sollen die Nasen aneinanderreiben. Das ist verständlich bei dem Klima - wer zieht im hohen Norden schon gern die Handschuhe aus bei der Begrüßung. In unseren Breitengraden dagegen ist das üblich, gibt man sich die Hand, die Rechte.

Die Sache mit dem Handschlag ist eine uralte Tradition. Sie diente der Bekräftigung von Gelübden oder dem Abschluß eines Geschäftes. Sich die Hand zu geben, ist ein Zeichen besonderer Nähe. Diese Berührung wurde zum Symbol von Bindung und Verbindung. Der alte Rechtsbrauch lebt noch in unserer Sprache: Wenn man etwas „in die Hand" verspricht, dann ist das auch ohne Vertrag und Notar besiegelt. Jedermann kennt das alte Markenzeichen der SED, die zwei verschränkten Hände, Abbild des berühmten Händedrucks von Otto Grotewohl und Wilhelm Pieck in Ostberlin im Mai 1946, der die Fusion von SPD und KPD besiegelte. Seitdem war es das Firmenzeichen der neuen Partei und wurde von den Genossen als Button am Revers getragen.

Dieser Händedruck war politisches Symbol und hatte doch eine ältere Bedeutung. Es ist ja bekannt, daß die beiden Kontrahenten, die Chefs von SPD und KPD, sich gegenseitig nicht über den Weg trauten. Und nicht nur die beiden. In grauer Vorzeit, als jedermann noch sein eigenes Schwert oder noch früher die Keule mit sich führte, da wußte man bei einer Begegnung nie, ob man vom anderen den Schädel eingeschlagen bekommt. Also ging man mit gestreckten Armen aufeinander zu, um sich seiner Friedfertigkeit zu versichern. Man gab sich die Hand. Dabei konnte man schlecht gleichzeitig die Waffe zücken.

Und man nahm die Rechte. Denn in aller Regel zieht man mit rechts das Schwert. Und außerdem: die Linke war sowieso verpönt. Schon aus der Bibel ergibt sich ganz eindeutig, daß Gott Rechtshänder, der Teufel aber Linkshänder ist. Die Schafe sitzen zur Rechten des Herrn, während die Böcke links Platz nehmen müssen, wo sie dann verflucht und ins ewige Feuer gestoßen werden. Und in allen großen Religionen - bei den Hindus, den Buddhisten, den Moslems und den Juden - gilt die rechte Hand als rein, die linke als unrein. Vor einem englischen Gericht wird man heute noch belehrt, beim Schwur die Bibel in die rechte Hand zu nehmen.

Warum allerdings bei der Begrüßung die Hände geschüttelt werden, manchmal heftig, dafür gibt es keine einleuchtende Erklärung. Bei den Eskimos wäre das ja noch verständlich, wegen der Kälte und des Schüttelns, aber die begrüßen sich ja nicht mit den Händen, sondern mit den Nasen.

Tabu der linken Hand

Die Uhren gehen rechtsherum, wir fahren - jedenfalls auf dem Kontinent - mit dem Auto rechts, essen mit der rechten Hand, schreiben von links nach rechts, und manche Kinder müssen immer noch lernen, bei der Begrüßung das brave Händchen zu geben, und das ist natürlich das rechte. Rechts ist die Ehrenseite und alles was Recht ist, soll natürlich Recht bleiben. Ob Sprache, Politik, Justiz und das praktische Leben sowieso: links ist verpönt. Noch in Meyers Konversationslexikon vom Anfang des 20. Jahrhunderts findet man die Behauptung, daß neben den Frauen vor allem Linkshänder unter den Verbrechern zu finden sind.

Fakt ist: Etwa neunzig Prozent der Menschen sind Rechtshänder, und selbst wenn es in verschiedenen Kulturen und Zeiten Schwankungen gibt, die Linkshänder waren immer in der Minderheit. Selbst für die Steinzeit haben Archäologen das anhand der Waffen und Werkzeuge herausgefunden. Aber was ist eigentlich die Ursache, daß die Rechte immer dominierte und ideologisch oder religiös überhöht wurde, so daß Anthropologen von einem „Tabu der linken Hand" sprechen?

Wenn man in der Entwicklung der Menschheit noch weiter zurückgeht, dann sieht es so aus, als ob der Homo erectus, also der Mensch kurz nach dem Affen, beidseitig veranlagt war und wahrscheinlich beide Hände gleich gut gebrauchen konnte. Wie übrigens die Säuglinge nach der Geburt auch keine eindeutige Bevorzugung einer Körperhälfte erkennen lassen. Aber schon nach 3-4 Monaten beginnen sie eher auf der rechten Seite zu schlafen und häufiger den Kopf nach rechts zu drehen.

Die Neurologen erklären das mit der Entwicklung der Hirnhälften, der Hemisphären, wie sie sagen. Links im Kopf dominieren die Sprachfunktionen und rechts das Raumempfinden. Aber die linke Hemisphäre ist zugleich zuständig für die Motorik der rechten Körperhälfte und damit auch für die rechte Hand. Deshalb konzentrieren sich die assoziierten Eigenschaften wie Lesen oder Schreiben im Kopf links und im Körper rechts.

Mit der Rechten wurde überwiegend gearbeitet, gejagt, gekämpft und später auch geschrieben. Das ist die Ursache und die Diskriminierung der Linken in Religion und Kultur die Folge. Wobei auch die Naturwissenschaftler offen lassen, ob diese Ursache genetisch programmiert oder selbst eine Folge der praktischen Entwicklung ist.

Die rechte Seite

Als der französische Essayist Michel de Montaigne im Jahre 1580 eine Badereise durch die deutschen Länder unternahm, notierte er in seinem Reisebericht eine ihm denkwürdig erscheinde Beobachtung: „Um jemanden zu ehren, tritt man bei den Deutschen immer an seine linke Seite, wo es auch sei. Sich auf seiner rechten Seite zu halten, gilt als Beleidigung." Das war vor mehr als 400 Jahren, und immer noch hält man die rechte Seite für die ehrenwerte und bessere und die linke für die schlechtere. Man stelle sich einmal vor eine Oper und beobachte die Besucherpaare. Die Herren links und die Damen rechts. Es ist heutezutage keine Frage der Beleidigung mehr, sondern der Konvention.

Die gängigen Ratgeber sind sich einig, wie etwa die Benimmtante Gräfin Schönfeldt: Da hakt die Enkeltochter die Großmutter von links ein, der Büroangestellte geht links neben seinem Chef und der Mann auf der linken Seite der Frau. Rechts war und ist die bessere, die ehrenwerte Seite. Mit einer Ausnahme. Bei der Hochzeit hält sich der Bräutigam rechts von der Braut. Und an dieser Stelle kommt man der Tradition auf die Spur. Denn mit der Rechten kämpfte man und zog das Schwert oder den Degen. Und wenn dann einer rechts von einem ging oder stand, konnte man natürlich nicht mit Schwung die Waffe ziehen. Also war rechts der bessere Platz, und man überließ ihn dem Mächtigeren. Gleichzeitig kann man jemanden rechts neben sich schlech-ter angreifen, der ist vor der eigenen Aggression geschützt. So wie die Frauen vor der Oper. Die Ausnahme ist die Hochzeit, da hat der Mann als Held die Frau zu schützen vor Brautraub, Feind und Überfall.

So jedenfalls erklärt sich Montaigne die deutsche Sitte, aber die Sache ist älter. Schon in der Bibel stehen beim jüngsten Gericht die Auserwählten zur Rechten des Herrn, und deshalb sieht man auf den Gemälden auch, wie es auf dieser Seite schnurstracks in den Himmel geht, während links die Verdammten in die Hölle marschieren. Die gesamte jüdisch-christliche Tradition kennt diesen Unterschied, so wie auch andere Kulturen und Mythen rund ums Mittelmeer. Für die Griechen gilt das, auch für die Ägypter, und die Völker im Maghreb sowieso.

Allerdings keine Regel ohne Ausnahme. Im alten Rom konnte bei der Deutung des Vogelflugs durchaus die linke Seite die günstigere sein. Das hing mit der Himmelsrichtung zusammen und wesentlich war immer der Osten. Wenn nun der griechische Vogelschauer mit dem Gesicht nach Norden stand, dann war der Osten rechts, blickten die römischen Auguren nach Süden, hatten sie den Osten links und hier die günstigere Seite. Ein kleiner, aber feiner Unterschied und wie man sieht: es kommt immer auf den Standpunkt an. Vor allem den eigenen.

Mit dem Finger auf andere Leute zeigen

Es gibt ein berühmtes Werk von Matthias Grünewald, den Isenheimer Altar in Colmar, auf dem Johannes der Täufer unter dem Kreuz steht, eine herbe Gestalt, die mit hochgerecktem Finger auf den gekreuzigten Christus zeigt. Der Finger ist nackt und die Geste steht im Mittelpunkt des Bildes. Das ist verwunderlich, haben wir doch alle gelernt: Man zeigt nicht mit nackten Fingern auf andere Leute. Das ist jedenfalls in der Erziehung ein Gemeinplatz.

In einem Lexikon über die Ursprünge unserer Gewohnheiten findet man als Erklärung, daß der Finger eine Waffe symbolisiere, etwas Spitzes wie einen Pfeil oder Speer, und wer auf andere mit dem Finger zeigt, vollführe einen Akt magischen Tötens. Erstaunlich! Denn abgesehen davon, daß Jesus bekanntermaßen nicht von Johannes ans Kreuz gebracht wurde, wäre das auch eine merkwürdige Erklärung. Wenn wir mit dieser Geste unsere schlechten Energien und Absichten den Mitmenschen zukommen lassen, die magischen Kräfte quasi wie Strahlen hinüberschicken könnten, dann würden wir das doch gerade machen, wenn es wirken würde, worauf ja das Tabu des Fingerzeigens hinweist. Diese Art Magie würde uns doch eher reizen.

Nein, das kann es eigentlich nicht sein, und auch der Versuch, in dem Zeigefinger besondere Qualitäten zu entdecken - der Finger, der die Richtung angibt, der zaubert, lenkt, der Finger des Herrschers und Richters -, auch dies führt zu keiner befriedigenden Erklärung. Es ist umgekehrt. Nicht, was von uns weggeht, sondern was wir anziehen, ist entscheidend. Der ausgestreckte Finger ist eine Extremität, die weit vom Körper absteht und wie ein Blitzableiter Energien anziehen kann. Das ist der Kern der Vorstellung: mit dem ausgestreckten Finger lenkt man die verhängnisvolle Kraft des Gezeigten auf sich selbst. Die Angst vor den anderen steckt dahinter, auch die Angst vor dem Unbekannten, die haben nämlich die schlechte Energie.

Im Aberglauben etwa galt es als ausgesprochen schädlich, auf den Himmel oder die Sterne und den Mond zu zeigen. Der Finger konnte steif werden und der Arm abfallen. Und ganz gefährlich war das bei Blitz und Gewitter, da zog man das Wetter an, konnte blind werden und wurde am Ende sogar erschlagen.

Diese Gefahr bestand natürlich nicht für Johannes unter dem Kreuz. Man hat darin eine Art Wegweiser gesehen, der auf das Wesentliche aufmerksam macht. Aber in dem Symbol steckt mehr, nämlich der Wunsch des Johannes, möglichst viel von seinem Meister zu übernehmen. Deshalb streckt er den Finger auch so schmal und ellenlang aus - wie eine Antenne.

Die Entschuldigung

Im Sommer 1995 erschien in großen deutschen Tageszeitungen eine ganzseitige Anzeige unter der Schlagzeile „Wir werden uns ändern". Bezahlt war sie von der Firma Shell und es ging um das Thema „Brent Spar", die Ölplattform in der Nordsee. Der Boykott an den Tankstellen zeigte Wirkung, und Shell trat den Rückzug an. Die Strategie dafür war die öffentliche Entschuldigung, und in dem Ritual kam alles vor, was man auch von der Beichte kennt: das Sündenbekenntnis per Inserat, kollektive Reue, das Bußversprechen „Wir werden uns ändern" - und am Ende wurde die Absolution erteilt. Oder boykottiert heute noch jemand Shell?

Was hier im großen Stil öffentlich praktiziert wurde, kennen wir ansonsten eher im Privatleben. Obwohl persönliche Entschuldigungen bisweilen auch in der Zeitung zu finden sind, so wie der amerikanische Filmstar Hugh Grant sich per Medien bei seiner Freundin Liz Hurley entschuldigte, nachdem er mit einer Prostituierten im Auto beim oralen Sex erwischt worden war.

„Tschuldigung", „Sorry", „Tut mir leid", „Pardon", „Verzeihung" - das sind die wohl meist gebrauchten Stereotypen der Kommunikation, jedenfalls im Deutschen. Aber was bezweckt oder bewirkt man damit eigentlich? Die Entschuldigung ist wissenschaftlicher Gegenstand der Rhetorik, der Theologie und des Strafrechts und sie ist enorm wichtig. „Entschuldigen Sie sich sofort und herzlich. Sagen Sie bereitwillig, daß Sie sich geirrt haben. Stellen sie einen Strauß Veilchen auf den Tisch", heißt es zum guten Benehmen. Schon die antike Rhetorik kannte ein ausgeklügeltes Regelwerk, das sich wiederum am Modell des Streitfalls vor Gericht orientierte: mit Streitgegenstand, Zuständigkeit, Entschuldigungsgründen und wenn nötig dem Hinweis auf den guten Willen des Täters.

Absicht ist immer, einen Zwischenfall in einem Ritus zu bereinigen. Hinter der Entschuldigung steckt die Vorstellung, man müsse das Gesicht wahren - das eigene oder das fremde. So bedeutet jedes „Pardon" oder „Tut mir leid" die Herstellung von Gleichgewicht. Die Entschuldigung ist ein Reparaturmittel für Verstöße gegen die sozialen Spielregeln.

Wer das Instrument beherrscht, muß übrigens nicht bei der ersten Stufe einer schmucklos-einfachen Entschuldigung stehenbleiben. „Ich bitte um Verzeihung" könnte ja auch als Schwäche oder Mangel ausgelegt werden. Der Experte kennt eine zweite Stufe, indem er seinen Fehler zugibt - „Ja, Sie haben recht!" -, damit Charakterstärke beweist und mit einem „Wie konnte mir das nur passieren?" sogar Mitleid erheischt. So steht er am Ende prima da.

Manche allerdings, besonders raffiniert, stoßen noch zu einer dritten Stufe vor. Sie bauen in die Entschuldigung gleich den nächsten Angriff ein, mit einer Seitenbemerkung wie etwa: „Ich dachte, gerade Du würdest diesen Fehler verstehen." Die subtile Unterstellung bringt den anderen natürlich sofort wieder auf die Palme und der nächste Streit ist programmiert. Aber keine Angst. Man kann sich ja gleich wieder entschuldigen.

Den Vogel zeigen

Als Stefan Effenberger, der Fußballstar, den rechten Mittelfinger steil nach oben streckte, schüttelte und gleichzeitig die anderen Finger in die Hand zurückbog, da wußte jeder im Stadion diese obszöne Geste zu deuten. Obwohl sie nicht neu ist - immerhin wird sie als Lieblingszeichen schon dem römischen Kaiser Caligula nachgesagt -, zählt sie seit Effenberger wieder zum nationalen Repertoire: als „Stinkefinger". Hätte er stattdessen den Zeigefinger gehoben und gegen die Stirn getippt, wäre diese Geste - wenn auch nicht so aggressiv und schon gar nicht sexuell beleidigend - genauso verstanden worden. „Verrückt!", „Bekloppt!", „Spinner!" - so oder ähnlich lauten die sprachlichen Übersetzungen. Jeder kennt das. Aber woher das stammt? Wer weiß das schon.

Dabei ist die Grammatik der nonverbalen Kommunikation sehr genau. Wenn man z.B. nicht von vorn gegen die Stirn tippt, sondern von der Seite, dann bedeutet das nicht „doof" und „bekloppt", sondern im Gegenteil „intelligent", und man meint vor allem sich selbst: „Köpfchen, Köpfchen", „Gar nicht so blöd". Beide Gesten haben mit dem Verstand zu tun, der natürlich im Kopf lokalisiert ist. Die beleidigende nennen wir „den Vogel zeigen" und damit kommt man einer Erklärung schon näher. In der indogermanischen Welt sah man die Seele als Vogel, im Lateinischen heißt „Avis" nicht nur „Vogel", sondern auch „Gespenst" und „Engel". In zahlreichen Heiligengeschichten weist ein Vogel, als Symbol der Ausgewähltheit, den rechten Weg, wie ja in der christlichen Ikonografie die weiße Taube das Zeichen des göttlichen Geistes ist.

Allerdings: Alle diese Vögel, ob schamanisch, germanisch oder katholisch, schweben in der Luft, außerhalb des menschlichen Körpers, während der Vogel, den wir zeigen, drinnen ist. Er nistet quasi im Kopf und deswegen sagt man ja auch: „Bei Dir piept's wohl?", wenn man einen für närrisch und bekloppt hält. Dahinter steckt die volkstümliche Vorstellung von der Krankheit als Besessenheit, die im Körper nistet wie ein Tier. Solche Analogien mit den entsprechenden Lebewesen sind weitverbreit, ganz gleich, ob man Schmetterlinge im Bauch, Hummeln im Arsch oder eine Meise unterm Pony hat. Und bei einem Vogel, der im Kopf steckt und ihn aushöhlt wie der Specht den Baum, kann man das entsprechend zeigen und klopft darum auch zur Verstärkung mit dem Finger gegen die Stirn.

Es gibt allerdings auch eine ganz andere Herleitung. Im Jiddischen heißt „w'ukal" „krumm" und „verdreht" und „Du heisst ein w'ukal" bedeutet: „Du bist verdreht." Aber das verstand keiner mehr, und so wurde „Du heisst ein w'ukal" zu „Du hast einen Vogel". Da passen Sprache und Bild wieder zusammen.

Der Applaus

Kaum hat der Dirigent den Taktstock gesenkt und die Diva den letzten Ton ausgehaucht, kaum ist das Schiff beim Stapellauf im Wasser und zappelt der Ball beim Elfmeter im Netz, da kann man ein immer gleiches Ritual erleben: Die Zuschauer schlagen ihre Hände gegeneinander und erzeugen damit ein rhythmisches Geräusch - sie applaudieren. Das Wort stammt vom lateinischen „plaudere", schlagen, und wurde bei uns im 17. Jahrhundert heimisch, auch wenn die Praxis viel älter ist.

Der früheste Hinweis findet sich - wie so oft - in der Bibel, Psalm 98: „Jauchzt vor dem Herrn, dem König. Es brause das Meer, in die Hände klatschen sollen die Ströme und die Berge jubeln im Chor." Es ist ganz offensichtlich: Begeisterung und Zustimmung ist der Zweck der Übung; der Gott war sich seiner Schöpfung nicht sicher und verlangte Applaus. Darin steckt eine Aufforderung zur Identifikation mit dem applaudierten Gegenüber, die bis zum Wunsch nach Verschmelzung gehen kann.

Im antiken Theater kannte man genau abgestufte Formen dieser Zustimmung: ob die Zuschauer die Hände gegen die Unterarme oder gegeneinander schlagen, ob mit hohler oder flacher Hand geklatscht wird, ob im Sitzen oder im Stehen. Schon damals gab es eigens bezahlte Personen, die strategisch geschickt in der Arena verteilt auf Zeichen applaudierten, sogenannte Claqueure. Und häufig haben soziale Gruppen eigene Riten des Applaus, wie z. B. die Akademiker, die die Hände nicht gegeneinander schlagen, sondern mit dem Fingerknöchel auf den Tisch klopfen.

Man kennt aber auch den Applaus, den der Flugkapitän erhält, kaum daß seine Maschine bei der Landung den sicheren Boden berührt hat. Nur zum Teil geht es hier um Zustimmung, eher um Befreiung von der Anspannung des Flugs und die Freude über den glücklichen Ausgang. Die Entlastung von einer seelischen, bisweilen auch körperlichen Not ist hier die Funktion, wobei dieses Ritual ausschließlich im Charterflug, niemals aber in Linienmaschinen zu beobachten ist.

Es gibt jedoch auch jenseits von Zustimmung oder Entlastung eine dritte Form des Applaus. Als vor einiger Zeit im Kölner Dom eine kirchenmusikalische Einlage von den Gläubigen mit Klatschen belohnt wurde, trat der Kölner Kardinal Meissner, ein bekennender Preuße am Rhein, auf die Bühne, genauer gesagt die Kanzel, und verkündete, daß solche emotionalen, geradezu weltlichen Äußerungen nicht in einen Gottesdienst gehören. Und was machten die frommen Kölner im Dom? Sie applaudierten. Das war aber weder Zustimmung noch seelische Befreiung - wovon auch? -, sondern ganz einfach Spott und Hohn.

Vom Betteln

Haste mal 'ne Mark für mich?" ist eine der häufigsten Großstadtfragen, die man heutzutage gestellt bekommt. Allerdings kommt sie selten so nackt und pur daher, der Kontext ist entscheidend: wer das fragt und wo und wie es garniert wird, ob z. B. mit Hund oder Kind, und ob der Hund ein Palästinensertuch um den Hals hat, ob das Kind barfuß ist oder ob es schläft. Das alles und noch viel mehr sind Feinheiten, die das komplexe Ritual beim Betteln verdeutlichen. Es scheint sich um eine Form der Kultur zu handeln, in der alle Handlungen ihre symbolische Bedeutung haben, wie auch unsere Reaktion. Geben wir doch in der Regel lieber alten Bettlern als jungen oder eher Leuten mit einem Bein als solchen, die noch hüpfen können. Und wenn sie Musik machen oder eine Straßenzeitung anbieten, zeigen wir uns über den Gegenwert erfreut.

Obwohl es sich beim Betteln um eine Abteilung im großen Ressort „Kultur" zu handeln scheint, ist es doch tatsächlich eine Form des Marktgeschehens. Das wird verunklart durch dieses „Haste mal ...", das doch in Wirklichkeit ein Angebot darstellt, auch wenn man leicht den Eindruck hat, es handele sich um eine Nachfrage. Wenn viele Leute sich dann angewidert abwenden und die Hartnäckigkeit der Bettler als Aggressivität bezeichnen, diese sogar aus den Zentren der Großstädte vertreiben wollen, dann dokumentiert das nur den Verlust des ursprünglichen Wissens um diesen Zusammenhang von Angebot und Nachfrage.

In einer Stadt wie Köln z. B. - im Mittelalter eine der reichsten Metropolen Europas - lebten früher fast 10 Prozent der Menschen vom Betteln. Ihre Bettelplätze vor dem Kölner Dom waren in festen Händen, quasi Arbeitsplätze, und konnten sogar vererbt werden. Almosengeben gehörte nämlich zu den christlichen Pflichten: Ein Teil des Vermögens war variabel für die Armen einzusetzen, die wiederum den edlen Sponsor in ihre Gebete einschlossen und ihm so zu einer entsprechenden Jenseitsposition verhalfen. Der Christ gab Almosen, der Bettler betete. Diese „Heilsökonomie" funktionierte, bis Martin Luther kam und im Gefolge der Reformation eine Theologie der Leistung entstand, in der der nichtsnutzige Bettler und faule Arme keinen Platz mehr hatten. Im Zeitalter des Kapitalismus dann landeten die Bettler im Arbeitshaus. Die Armen hatten sich nützlich zu machen, und das erste Strafgesetzbuch von 1871 stellte das Betteln sogar unter Strafe.

Mancher, der eine Reise macht, und das bildet ja bekanntlich, erzählt mit Erstaunen von den Massen der Bettler rund ums Mittelmeer und ihrem Geschäftsgebaren, ob vor dem Pantheon in Rom oder am Strand von Agadir. Da erscheinen sie dann leicht als aggressiv und penetrant; wir sind überzeugt, sie imitieren Krankheiten oder täuschen einem hohes Alter und Gebrechen vor. Und genau das wird dann als Grund angeführt, ihnen nichts zu geben: weil sie lügen bzw. weil kein Gegenwert unserer Fürsorge entspricht. Aber das ist grundfalsch. Im Islam ist das Geben einer der fünf Pfeiler des Glaubens. Es ist ein religiöses Grundgebot, und deshalb geben die einheimischen Moslems selbstverständlicher als die christlichen Touristen. Außerdem ergänzt die Religion hier am Sozialsystem, was der Staat nicht leistet. Bei uns ist das nur in Vergessenheit geraten.

5. Kapitel

Das war schon immer so

Happy Birthday

In Gräfin Schönfeldts Handbuch des „Guten Tons" findet man insgesamt neunzehn Eintragungen unter dem Stichwort „Geburtstag": ob man im Büro unter Kollegen feiert oder mit der Familie daheim, wie man vollendet einlädt und anschließend dankt, was es mit den Kerzen oder der Torte auf sich hat und ähnliche Details mehr. Unter „Namenstag" dagegen nur den lakonischen Hinweis: „siehe Geburtstag".

Die Römer, auf die viele Alltagsbräuche zurückgehen, feierten monatlich den Geburtstag, jeweils am Tag der eigenen Geburt. Doch stand nicht das Geburtstagskind im Mittelpunkt, sondern es ging um die Schutzgeister, die Laren. Ihre Schreine, die jedes Haus besaß, wurden geschmückt, gesalbt und parfümiert, die Menschen zogen sich festlich an, ganz in Weiß. An diesem Tag wurde kein Fleisch gegessen und kein Tier getötet, weil man an diesem Tag ja selber ins Leben getreten war. Aber Kuchen wurden gebacken von bestem Mehl, mit Öl und Honig bestrichen, und man bewirtete die Freunde.

Den Christen war die heidnische Fete ein Dorn im Auge, und sie feierten den Geburtstag ihrer Heiligen mit kalter Mahlzeit und tranken dazu Wasser. Und was ihre Konkurrenzveranstaltung auch nicht gerade populärer machte: dieser Tag war der Todestag des jeweiligen Heiligen. Denn erst mit ihrem oft grausigen Tod kamen sie ja direkt in den Himmel. Der Tod wurde als Stunde der wahren Geburt im ewigen Leben interpretiert.

Dem breiten Publikum war das indes ziemlich egal, und im Mittelalter hat vor allem die Oberschicht den Geburtstag gefeiert, übernommen von der römischen Aristokratie. Man kann verstehen, daß der Adel einen solchen Bohai machte, denn hier entschied die Geburt und damit auch die Erbfolge oft über den eigenen Stand, übers Geld und die Macht.

Bei der Masse spielte das schon mangels Masse kaum eine Rolle. Bis zur Gegenreformation. Da machten die Jesuiten aus ihrem Kampf gegen die Protestanten auch eine kulturelle Veranstaltung und begannen, die Heiligen und den Namenstag zu propagieren. Erst seit dieser Zeit gibt es die Unterscheidung: Die Katholischen feiern eher Namens- und die Evangelischen eher Geburtstag. Zum Teil drücken sich darin auch unterschiedliche Lebenseinstellungen aus. Der Geburtstag ist Ausdruck eines linearen Zeitverständnisses, die Lebenszeit geht voran, von Jahr zu Jahr, während der Namenstag eher einem zyklischen Zeitdenken entspricht.

Nun könnte man heutzutage wieder auf eine alte Tradition zurückgreifen und die beiden Feste versöhnen. Früher haben die Eltern sich häufig nicht den Kopf zerbrochen, wie sie ihr Kind nennen sollen. Man nahm einfach den Tagesheiligen oder auch die Tagesheilige als Namenspatron. Es gibt ja mindestens zwei. Da fallen dann praktischerweise Geburts- und Namenstag auf dasselbe Datum. Das war unterm Strich auch billiger.

Trauring - Ja bitte!

In den 70er Jahren gab es in der Hochzeitsstatistik einen leichten Rückgang. Das waren die Zeiten, als sowieso weniger geheiratet wurde. Inzwischen ist es wieder selbstverständlich, daß man und frau zur Eheschließung, gleich ob in der Kirche oder auf dem Standesamt, einen Trauring trägt. Er ist in der Regel aus Feingold, eine 750er Legierung, zunehmend auch aus edlerem Material wie Platin, die Oberfläche glatt, aber leicht gewölbt - bombiert, wie die Juweliere sagen -, und innen ist der Vorname des Partners eingraviert sowie ein Datum. So jedenfalls die gängigste Variante.

Ringe gab es immer schon, in allen Kulturen und aus allen denkbaren Materialien. Sie wurden an den Armen und Beinen oder um den Hals getragen und waren nicht nur schmückendes Accesoire, sondern immer auch ein Zeichen oder Hinweis auf die Ewigkeit. Der Kreis ist ja die einzige geometrische Form, die weder einen Anfang noch ein Ende kennt. Fingerringe allerdings trugen anfangs nur die Männer, Fürsten, Herrscher oder Krieger, als Ausdruck ihrer Macht und Würde. Und ihres Besitzes natürlich, wenn sie aus Gold waren oder kostbar mit Steinen geschmückt. Der Siegelring eines Bischofs, den er mit der Weihe erhält, ist noch so ein altes Symbol. Gleichzeitig hat der Ring auch mit Abhängigkeit zu tun: ein Instrument der Bindung, wie die Fußringe bei den Tauben als Besitzmarke des Züchters oder die Nasenringe bei den Ochsen. Wobei Analogien zu den modischen Piercingringen augen- und sinnfällig sind, vor allem, wenn man das jeweils gepiercte Körperteil sieht.

Die Sitte mit dem Ehering kam wohl bei den Römern auf und zwar an der linken Hand. Unsere Sitte, den Trauring rechts zu tragen, ist jüngeren Datums. Andere Völker tragen ihn links, schon um ihn vor Beschädigungen zu schützen. Aber es hat noch eine tiefere Bedeutung. Nach antiker Vorstellung führt vom vierten Finger der linken Hand eine Vene direkt zum Herzen, eine „Liebesvene". Und die mußte mit dem Finger gebunden und gefesselt werden, seitdem der „Ringfinger". Der römische Schriftsteller Macrobius forderte schon im 4. Jahrhundert, einer Frau den Ehering an diesen Finger zu stecken, damit „die Gefühle des Herzens nicht fliehen" können.

Das hat sich wahrscheinlich auch ein Verwaltungsrichter in Mannheim gedacht. Der mußte sich vor einiger Zeit mit der Klage eines Sozialhilfeempfängers befassen, der heiraten wollte, jedoch ohne die nötigen Mittel, den Ehering zu finanzieren. Der Richter entschied, das Sozialamt hat neben Brautkleid bzw. Anzug auch die Trauringe zu finanzieren. Das Ringe-Tragen sei schließlich Ausdruck einer weitverbreiteten Lebensgewohnheit, und dies müsse auch von der Rechtssprechung respektiert werden. Herzlichen Glückwunsch.

Todesanzeigen - Für wen, seit wann?

Manche Leute kaufen die Zeitung nur wegen der Todesanzeigen, und bei vielen gehören sie täglich zur ersten Lektüre. Wobei nicht immer Neugier oder Schadenfreude im Spiel sein muß. Es gibt eine Studie, die den „Unterhaltungswert von Todesanzeigen" untersucht. Und es ist sicher auch kein Zufall, daß der Anteil an diesen Inseraten ständig zunimmt. Für die Verleger ein lukratives Geschäft. Wobei sie feinsinnig unterscheiden: Im „Kölner Stadtanzeiger" z.B. kostet der mm einer Familienanzeige ab 2 Mark, während ein Unternehmen für die Erinnerung an einen verblichenen Mitarbeiter mehr als das fünffache zahlen muß. Das ist nämlich Werbung. Aber warum inseriert man überhaupt den Tod eines Menschen, und seit wann wird die Öffentlichkeit informiert?

Als 1722 im „Frankfurter Intelligenzblatt" die ersten Privatanzeigen erschienen -, übrigens mit Billigung der Polizei - waren neben Eheschließung und Geburt bald auch Todesfälle darunter, und das verursachte zunächst sittliche Entrüstung. Gehört so etwas an die Öffentlichkeit? Damals gab es noch den Beruf des Leichenbitters, der bei einem Todesfall die Nachbarn und Bekannten informierte und sie „zur Leiche bat", daher der Name und auch die Redensart von der „Leichenbittermiene". Er war nach der Beerdigung übrigens auch zuständig für den Dank der Hinterbliebenen und die Einladung zum Leichenschmaus. Bestatter kannte man damals noch nicht. Den Sarg zimmerte der Tischler, die Leiche wurde von Freunden hergerichtet und die Beerdigung

machte der Pastor. Alles im näheren Umfeld. Zur Information diente der Totenzettel, der bei der Beerdigung oder in der Kirche verteilt wurde: mit einer weitschweifenden Lobrede über den Toten, dem Hinweis auf die unfaßbare Trauer der Familie, aber auch mit vielen Details über Beruf, Lebensgeschichte und vor allem die Todesursache. Alles was wir heute kaum noch erfahren. Über Leidenschaften und Lebenserfahrungen des Toten wird ja nichts gesagt, und über Krankheiten oder die Todesursache schon gar nicht gesprochen. So wie man auch zurückhaltend ist mit dem Wort „sterben". Da ist einer „entschlafen" oder „von uns gegangen", „Gott rief ihn zu sich", denn sein Leben hat sich erfüllt.

Diese Scheu ist nicht neu. Bereits im Jahre 1594 schlug Abraham Sawr von Franckenberg sprachliche Alternativen vor wie „Den Tod leiden" oder „Die Tage seines Lebens beschließen", aber auch so plastische Umschreibungen wie „Aus diesem Elend fahren" und - geradezu hochmodern - „Die Schuld der Natur bezahlen".

Erst im 19. Jahrhundert kamen Traueranzeigen für jedermann in Mode und damit auch als Information für einen unbekannten Leser und die breite Öffentlichkeit. Das war eine Errungenschaft der Französischen Revolution und indirekt auch eine Spätfolge der Aufklärung mit der Betonung des Individuums, wie übrigens auch die Einzelgräber, die zur gleichen Zeit aufkamen, und die allgemeine Wehrpflicht.

Spazierengehen

Bei der Frage nach der liebsten Freizeitbeschäftigung der Deutschen taucht mit schöner Regelmäßigkeit das „Spazierengehen" auf einem der Spitzenplätze auf. Vor allem am Abend und am Wochenende gehört es zu den Standards. Das mag das Schlendern in den Einkaufspassagen und vor den Schaufenstern sein oder das Wandern in grüner Umgebung und vermeintlich guter Luft. Und die „Deutsche Gesellschaft für Freizeit" hat ermittelt, daß die meisten Lebenspläne hierzulande immer noch beim Spaziergang gemacht werden.

Man muß gar nicht so weit in die Geschichte zurückgehen, um das zu ergründen. Im Mittelalter ging man nicht spazieren. Wer Geld hatte, ritt auf einem Pferd, wer keins hatte mußte laufen. Aber das waren gewöhnlich Wege von Dorf zu Dorf, vom Feld nach Hause oder innerhalb der Stadt. Reisen gab es für den Normalsterblichen nicht, das wäre zu gefährlich gewesen. Natürlich kannten die Menschen immer schon religiöse Spaziergänge, wie Prozessionen oder kultische Umgänge, doch die waren streng genormt und hatten ihre eigenen Regeln. Bei einer Taufe z. B. rannte in Norddeutschland der Pate aus der Kirche schnell nach Hause in der festen Überzeugung, daß das Kind dann besser gehen lernte. Oder nach einer Beerdigung machte sich die Trauergemeinde hurtig vom Friedhof, aus Angst, der Tote könne als Wiedergänger zurückkehren.

Erst vor rund 200 Jahren begann das Spazierengehen. Die ersten waren Kaufleute, Philosophen und Beamte. Die Zeit nach der Französischen Revolution und die Ideen der Aufklärung machten den Bürgern Lust auf Bewegung. Im Gegensatz zum Transport mit der Kutsche oder in einer Sänfte demonstrierte das Zufußgehen ein demokratisches Element. Man zeigte sich gleichberechtigt in der Öffentlichkeit, demonstrierte die Verfügung über die eigene Zeit und den Raum. Von Immanuel Kant wird berichtet, daß er nach einem ganz festen Plan jeden Abend um 19 Uhr vor die Haustür trat und spazieren ging. Und die Preisfrage der Preußischen Akademie der Wissenschaften „Was ist Aufklärung?" hat er mit entsprechenden Bildern beantwortet: „allein gehen" - die „freie Bewegung" - der „sichere Gang". 100 Jahre später war dieses Privileg beim Proletariat angekommen, und es zählte zu den wichtigsten Vergnügungen der Arbeiter und Arbeiterinnen am Sonntag: eine Einübung auch in den aufrechten Gang, befreit von der Mühsal der Arbeit und ohne den Schmutz der Fabrik. Wandervogel und Jugendbewegung, Körperkultur bis hin zum Jogging oder ganz aktuell und natürlich auch aus Amerika: das flotte Gehen mit speziellem Fußgerät, „Walking" genannt, alles das sind Weiterentwicklungen dieses urdemokratischen Impulses.

Doch es gibt noch einen ganz praktischen Grund, den ein kleines Gedicht im „Wahren Jakob" unter dem Titel „Philisters Spaziergang" in Versen bringt:

„Ich spaziere heut' Abend
nach altem Brauch,
Gedanken habend,
Verdauung auch."

Schreiben von links nach rechts

In Arno Peters' Weltatlas, dem faszinierenden Versuch einer völlig egalitären Darstellung aller Völker und Staaten, findet man eine Karte, auf der fast die ganze Welt violett eingefärbt ist - mit zwei Ausnahmen: Der Vordere Orient und Nordafrika sind grün, China und Japan dagegen blau. Es handelt sich um eine sogenannte Themenkarte, mit der gezeigt wird, in welche Richtung die Menschen schreiben. In China und Japan von oben nach unten, in Nordafrika und den arabischen Ländern von rechts nach links, und im überwiegenden Teil der Erde von links nach rechts. Wir schreiben ja auch so und halten das für selbstverständlich.

Das ist praktischer, wird gesagt, man verdeckt nicht die eigene Schrift, der Arm wird weniger beansprucht und außerdem verschmiert nicht, was man gerade geschrieben hat. Aber dann müßten ja die Araber ziemlich unpraktisch sein, wenn sie umgekehrt schreiben? Unwahrscheinlich bei dieser alten Kultur. Andere sagen, es hänge mit der Rechtshändigkeit zusammen, und die Linkshänder könnten von rechts aus besser schreiben. Aber wieso sollen die meisten Chinesen oder Ägypter linkshändig sein?

Man muß weiter zurückschauen. Viel weiter. Die ersten Bilder- und Keilschriften haben vor etwa 5000 Jahren die Sumerer und die Ägypter erfunden. Sie malten die Schriftzeichen auf Papyrus, anfangs übrigens von oben nach unten. Aber immer schrieben sie, auch die senkrechten Kolonnen, von rechts nach links. Sie arbeiteten nämlich mit der Rechten und konnten mit der anderen Hand, mit der Linken, den Papyrus abrollen, nach links. Das wurde zur Schreibrichtung. Aus künstlerischen Gründen schrieb man manchmal auch umgekehrt, dann gab ein Tierzeichen am Zeilenanfang mit seinem Blick die Richtung an. Aber hauptsächlich lief die Schrift von rechts nach links. Erst später, als neue Materialien aufkamen - Felle, Tafeln oder Pergament - änderte sich die Richtung, in manchen Kulturen mehrfach. In Persien z.B. wechselte man unter dem Einfluß der Griechen nach rechts und mit dem Islam wieder nach links. Es gab bisweilen auch alle Richtungen nebeneinander.

Unsere heutige Schreibweise setzte sich spätestens in der Antike durch. In Athen wurde sie 403 vor unserer Zeitrechnung sogar per Dekret eingeführt. Sie war praktischer und bequemer und zwar auch für Völker, die vorher den umgekehrten Duktus bevorzugt hatten. In Kulturen mit starker religiöser Prägung und hohem Traditionsbewußtsein behielt man die alte Richtung bei. Hier findet man übrigens auch die komplizierteren Schriftzeichen.

Es gab allerdings bisweilen auch Kompromisse beider Richtungen, das sogenannte Bustrophedon. Frühe in Stein gehauene Schriften führen die erste Zeile von rechts nach links, die zweite von links nach rechts, die dritte wieder umgekehrt usw. Die älteste bekannte lateinische Inschrift z. B., auf dem schwarzen Forumsstein, ist in Bustrophedon. Das Wort leitet sich ab aus dem griechischen „bous", der Ochse, und „strepho", ich wende. So wie der Bauer beim Pflügen am Ende einer Ackerfurche sein Ochsengespann wendet, bewegt sich der Steinmetz auf seiner Platte. Mal nach rechts und mal nach links. Das war auf jeden Fall bequemer.

71

Wasser trinken

Am 14. April 1986 trafen sich in dem Wiesbadener Feinschmeckerlokal „Ente vom Lehel" 26 Damen und Herren, eingeladen von der Zeitschrift „Alles über Wein". Es war ein „Blindtest": alle Proben auf 10 Grad temperiert und eingeschenkt im Nebenzimmer, so daß niemand in der Jury Etikett oder Flasche zu Gesicht bekam. „Das Geschmacksbild wird durch den ausgeprägten mineralischen Ton harmonisch ausgeglichen", notierte einer und ein anderer: „Fein nunanciert im Bereich sauer und salzig, leicht und harmonisch." Sämtliche Geschmacksnerven im Mund waren gefragt, aber es ging nicht um Wein, auch nicht um Champagner, es ging um Wasser: genauer um Mineralwasser. Ein Zeichen, welche Wertschätzung H_2O genießt, so wie wir in manchen Restaurants zwischen einem halben Dutzend verschiedener Lagen, besser gesagt: Brunnen, auswählen können.

Dabei ist es noch gar nicht so lange her, daß Wasser ein Getränk der Armen war und der Kinder. Und im Gefängnis bedeutet "bei Wasser und Brot" verschärfte Haft. Abergläubische Menschen kannten zahlreiche Rituale, um die schädliche Wirkung des Wassers zu vermeiden. Alte Leute in Böhmen z. B., die nachts Durst bekamen, sollten das Wasser dreimal anhauchen, um den Teufel zu vertreiben. Teufel, Schaden, Krankheit, diese Vorstellungen hängen mit den schlechten Erfahrungen und der miserablen Qualität des Trinkwassers am Ende des Mittelalters zusammen. Brunnen und Abwässer lagen oft nebeneinander; Tiere fielen hinein, ertranken, man schöpfte aus den Flüssen, in denen das Vieh suhlte und trank.

So hat man das Wasser verdünnt bzw. vermischt und Zusätze, vor allem Wein, hineingetan in der Überzeugung, die Qualität zu verbessern. Nur so erklären sich auch die immensen Mengen von fünf, sechs, sieben Litern „Wein", die die Mönche in den Klöstern den Quellen nach tagtäglich tranken. Das war ein ziemlich dünner Wein. Diese Sitte war übrigens uralt. In den Haushalten der römischen Oberschicht gab es eigens einen „Magister bibendi", der die Mischung überwachte.

Noch viel früher, in der Antike und sogar schon bei den Ägyptern, war es selbstverständlich, das reine, unverdünnte Wasser zu trinken. Der griechische Philosoph Ebulos meinte: „Wasser macht erfinderisch" und damit sind wir wieder in der Gegenwart. Fast 100 Liter werden bei uns pro Kopf jährlich getrunken. In den Zeiten von Gesundheit, Fitneß und Jogging ist Wasser en Vogue. Doch heute - und das ist der Unterschied zu den Zeiten, als man das Wasser mit Zusätzen wie Pfeffer, Anis oder Kümmel oder eben Wein verbesserte -, heute trinkt man es nicht wegen dem was drin, sondern dem was nicht drin ist.

Das Urinal

Der Bonner Kunsthistoriker Heinrich Lützeler erzählt in seiner berühmten Philosophie des Kölner Humors als Exempel rheinischer Fröhlichkeit eine Geschichte von Tünnes und Schäl, die sich nach einem Kneipenabend am Urinal der Herrentoilette über die unterschiedlichen Geräusche ihrer Tätigkeit unterhalten, was der Tünnes damit erklärt, daß Schäl gegen das Blech des Urinals pinkele, er selber aber gegen dessen Hose. Das war 1952 und das Publikum tobte vor Vergnügen, was uns heute schon deswegen schwerfiele, weil wir in den Gaststätten keine blechernen Pißrinnen mehr kennen. Im Gegenteil: Heute sind einzelne Urinale selbstverständlich, häufig auch mit Sichtblenden dazwischen, sogenannte Schamwände. Woher aber kommt dieser Trend zum separaten Pissoir, wo wir doch vom öffentlichen Ort reden?

Es gibt Anthropologen, die definieren „Zivilisation" als die bestmögliche Regelung des Zusammenlebens vieler Menschen auf engem Raum. Und nicht zufällig werden die römischen Metropolen als Muster hingestellt: mit Plätzen und Arenen, Aula und Gymnasium, alles Gemeinschaftseinrichtungen, zu denen auch die „cloaca maxima" gehörte. Das war ein Treff öffentlicher Kommunikation, den man am Nachmittag aufsuchte, nach der Arbeit und vor dem Nachtmahl, um den Körper zu entschlacken und die Seele zu entspannen. Die Archäologen zeigen die Ausgrabungsfunde: große Anlagen mit bis zu 60 Sitzen, wassergespült und marmorgetäfelt, mit Säulen und Arkaden, zum Teil mit Namensschildern und immer ohne Trennwände, so daß ein Gespräch möglich war, quasi von Loch zu Loch.

Damit war es im Mittelalter vorbei, denn jeder entleerte sich, wo er gerade ging oder stand. Und im „Prozeß der Zivilisation" - wie Norbert Elias die Ausbreitung des guten Benehmens nennt - ging dann auch diese Selbstverständlichkeit verloren. Die öffentliche Entleerung galt jetzt als unschicklich, jedenfalls unter seinesgleichen. Es war z.B. verboten, jemanden zu begrüßen, der sich gerade erleichtert. Man sollte ihn einfach übersehen.

Gegenüber Personen niedrigeren Standes war das aber anders. Zum Beispiel empfingen die französischen Könige bis ins 18. Jahrhundert noch ihre Untergebenen bei der Morgentoilette - und das ist ganz wörtlich gemeint. Dem König beim Urinieren zuhören bzw. zuschauen zu dürfen, galt als Auszeichnung.

Heute dagegen ist die Entwicklung zur Einzelzelle fast abgeschlossen, wie auch die Entleerung zu einer ganz und gar privaten Angelegenheit wurde. Für die meisten Männer wäre es jedenfalls unschicklich, am Urinal mit seinem fremden Nachbarn zu plaudern - von Ausnahmen abgesehen wie beim Karneval im Rheinland. Nicht nur, daß dann in den Städten wieder mittelalterliche Verhältnisse herrschen würden - was das Urinieren angeht - es wäre auch möglich, mit jedermann zu plaudern. Aber nur als Ausnahme von der Regel.

Das diplomatische Protokoll

Im Sommer 1987 beschäftigte sich der Petitionsausschuß des Deutschen Bundestages mit dem Vorschlag einer Hamburger Friedensinitiative, Staatsgäste in Bonn nicht mehr militärisch durch eine Ehrenformation der Bundeswehr zu begrüßen. Statt dessen solle ein Empfangskomitee aus Ärzten, Schornsteinfegern, Hausfrauen und Kindern für ausländischen Besucher bereit stehen. Dieser entwaffnende Vorschlag wurde abgelehnt. Man hätte auch im Bonner Protokoll nicht so recht gewußt, wie eine solche zivile Formation richtig aufgestellt wird, in welcher Rangfolge. Ärzte oder Hausfrauen, Kinder oder Schornsteinfeger? Wer geht vor? Denn allein darauf kommt es an beim Protokoll.

Ganz vorne, man sieht das ja bisweilen im Fernsehen, steht der Bundespräsident, dann der Kanzler und vielleicht ein paar Minister, die man kennt. Und es sind fast ausschließlich Männer, dunkel gekleidet, doch niemand steht nur irgendwie herum. Die ersten 100 Listenplätze in Bonn sind exakt geregelt. Den Präsidenten von Bundestag, Bundesrat und Verfassungsgericht folgt das Diplomatische Korps, aber nicht alphabetisch, sondern nach Bonner Dienstzeit. Dann kommen hinter den ehemaligen Bundespräsidenten schon bald auf Platz 12 die Vorsitzenden der katholischen und evangelischen Bischöfe, noch vor dem NATO-Generalsekretär, wie übrigens auch auf Platz 33 die Erzbischöfe direkt vor dem Präsidenten der Bundesbank plaziert sind. Ein

feiner Hinweis auf den Rang von Religion und Kirche noch vor dem Militär und dem Geld. Der Nürnberger Präsident aller Arbeitslosen findet sich auf Platz 53 und kurz dahinter die Chefs von Bahn und Post. Die müssen wahrscheinlich demnächst auslosen, wer auf dem Bonner Parkett repräsentieren darf, der Herr der Postbank, des Briefverkehrs oder der Chef der Telekom. Oder gehen sie alle drei? So geht es weiter über die diversen Würdenträger und Volksvertreter, Komissare, Kardinäle und Admiräle bis zu den Mitgliedern des Bayrischen Senats ganz am Ende.

Seinen Ursprung hat dieses Protokoll in Byzanz vor etwa 1000 Jahren. Das Zeremonienbuch Konstantin VII. legte für jeden Anlaß - von der Kaiserkrönung über Pferderennen bis zur Leichenfeier - exakt fest, welche Stellung die Mitglieder des Hofes hatten und welchen Platz sie einnehmen durften. Das war Muster und Vorbild für die europäischen Fürstenhöfe, die alle solche Ranglisten einführten, und die wurden zur Grundlage des Sonderrechts der Diplomatie.
Unumstritten allerdings ist das Protokoll nicht. So stellte sich Konrad Adenauer 1954 beim ersten Empfang eines ausländischen Staatsoberhauptes in der jungen Bundesrepublik an die zweite Stelle, dort wo der Präsident des Bundestages, quasi der oberste Volksvertreter, vorgesehen war. Seitdem steht der Kanzler immer dort. Aber bis heute nur in Vertretung.

Wieso ist der Norden oben?

Es ist schon einige Zeit her, da bekam ich eine Europakarte in die Hand, realistisch gemalt und schön bunt gedruckt. Sizilien und die äolischen Inseln lagen auf dieser Karte ganz oben, fast am Bildrand, dann folgte Italien, auch noch ziemlich hoch, Österreich in der Mitte, Deutschland und England mehr im unteren Teil, und ganz ganz unten lagen Hammerfest und Spitzbergen. Ziemlich warm für das kalte Land. Die Himmelsrichtungen waren vertauscht, unten lag der Norden und oben der Süden.

Die Karte hing an meiner Wand, ich hatte sie vor Augen, und irgendwann kam die Frage, wieso denn gewöhnlich der Norden oben ist und nicht unten oder rechts oder links. Die ältesten Karten, die ich fand, von den griechischen Philosophen Anaximander und Hekataios, rund 2500 Jahre alt, sind kreisrund und zeigen nur das bekannte Terrain um das Mittelmeer, aber der Norden ist oben. Das blieb auch so, ob ägyptische, griechische oder arabische Geographen am Werk waren, und egal ob sie sich die Welt als Scheibe vorstellten und ihre Karten rund malten oder als Kugel und entsprechend oval oder eckig: der Norden war immer oben.

Dann allerdings, im christlichen Mittelalter, tauchten Karten auf, auf denen der Osten oben war und Jerusalem in der Mitte. Das hing mit dem Kult und der Religion zusammen. Im Osten geht die Sonne auf, die Priester agieren nach Osten - übrigens früher auch die Richter beim Urteil - und die Kirchen werden heute noch mit dem Altar nach Osten gebaut. Der Osten war die wichtigste Himmelsrichtung und die positionierte man auf der Karte oben. Das war die beste

Stelle, schließlich ist ja auch der Himmel oben. Doch das beantwortete meine Frage nach dem Norden nicht, und so fragte ich einen Historiker, Arno Peters, der sich intensiv mit der Karthographie befaßt und mit seiner sogenannten Peters-Projektion eine neue Weltsicht in die Atlanten gebracht hat, weg von der Europa-Zentriertheit. Peters machte mich auf den Kompaß aufmerksam, den die Chinesen vor mehr als 2000 Jahren bereits kannten, als Orientierungsinstrument in den Weiten der Steppe und der dann über die Araber im Mittelalter nach Europa gelangte, wichtigstes Hilfsmittel für die Seefahrt. Die Magnetnadel zeigt bekanntlich immer und nur nach Norden. Dort liegt der magnetische Pol. Aber auf meinen Einwand, daß sich der Kompaß in der Horizontalen dreht und das noch nicht erklärt, wieso die Menschen den Norden oben, also in der Vertikalen, angesiedelt haben, erklärte er mir, daß auch er darauf keine Antwort habe, aber: er werde sich damit befassen.

Und um meine Verwirrung zu vervollkommnen, erwähnte er noch, daß bei den alten chinesischen Karten der Süden oben gewesen sei. So hätten wir dann alle Himmelsrichtungen einmal oben gehabt, den Norden, den Osten und den Süden. Nur den Westen nicht, aber das war ja immer schon die schlechte, unglückbringende Seite. Die Siebenbürgener Sachsen zum Beispiel beteten bei einem Neubau an allen Seiten des Hauses und küßten die Ecken im Süden, Osten und Norden, nur im Westen nicht. Auf der Westseite entleerten sie sich, um den Teufel zu vertreiben. Sie werden schon gewußt haben, warum.

6. Kapitel

Was die Sprache verrät

Der rote Faden

In der berühmten Sammlung aller deutschen Zitate von Georg Büchmann, mit dem inzwischen selbst zum Zitat gewordenen Titel „Geflügelte Worte", gibt es fast 20 Seiten Redensarten und Sprüche, die auf Goethe zurückgeführt werden. Wahrscheinlich hat der wie kein anderer Dichter unsere Sprache ergänzt und verändert. Und in diesem Büchmann findet man auch den Ursprung des Bildes vom roten Faden. Es stammt von Goethe, der in den „Wahlverwandtschaften" das Tagebuch einer Dame namens Ottilie charakterisiert, durch das sich „ein roter Faden der Neigung und Anhänglichkeit" ziehe, der alles verbindet. Und weil Goethe ein gebildeter Mann war, gab er bei seiner Wortschöpfung auch gleich die Quelle an. In der königlichen Flotte Englands, so schreibt er an derselben Stelle, werde seit dem 18. Jahrhundert in alles Tauwerk ein roter Faden eingewebt, den man nicht herauswinden kann, ohne es aufzuzwirbeln. Jedes Stück Tau, egal wie klein, war damit gleich als königliches Eigentum zu erkennen.

Heute würde man das als Markenzeichen patentieren lassen, damals diente es als Abschreckung gegen Diebe, und wer dennoch mit einem Stück Tau mit dem roten Faden erwischt wurde, landete leicht am Galgen. Nun, Goethe war wohl angetan von diesem frühen Dokument von corporate identity, und seine sprachliche Übertragung machte die Runde. Heute sprechen wir davon, eine Rede habe einen roten Faden, oder ein Gedanke und ein Konzept kann durch einen roten Faden gekennzeichnet sein.

Goethe jedoch hat den roten Faden der englischen Marine höchstwahrscheinlich nicht selber gesehen, sondern nur vom Hörensagen gekannt. In Wirklichkeit gab es nämlich eine ganze Palette von Fäden, wie ein späterer Zeitgenosse berichtete. Die Markenartikler des 18. Jahrhunderts waren voll auf der Höhe. An einem blauen Faden konnten sie sehen, daß die Taue in Plymouth gedreht worden waren, die grünen stammten aus Pembroke und die roten von Portsmouth.

Auf den Strich gehen

Neben einer der beliebtesten Kölner Kirchen, Maria in der Kupfergasse, mit dem berühmten Gnadenbild der schwarzen Madonna, liegt die Schwalbengasse. Dieser Straßenname wird bisweilen populär mit dem Begriff der „Bordsteinschwalbe" in Verbindung gebracht. Das ist zwar sprachgeschichtlich an den Haaren herbeigezogen, aber tatsächlich lag im Mittelalter in dieser Gegend das Hauptarbeitsgebiet der städtischen Huren. Die Steuerlisten nennen schon im 13. Jahrhundert in der Schwalbengasse ein „Haus der schönen Frauen", das älteste bekannte Bordell in Deutschland. Die Männer müssen viel Geld hiergelassen haben, wenn man das hohe Steueraufkommen betrachtet. Kein Wunder in Köln, war die Domstadt doch damals eine urbane Metropole mit zahllosen Besuchern, Pilgern und Touristen aus aller Welt.

Der Vogelname für die Prostituierten jedoch ist nicht außergewöhnlich: Neben der Schwalbe wurde und gilt auch die Schnepfe als synonym. Früher sprach man auch vom Schnepfenstrich, wenn vom Revier der Nutten die Rede war. Und vom Liebeswerben dieses Tieres stammt die Redensart „auf den Strich gehen". Es gehört zu den Eigenarten ihrer männlichen Vertreter, daß sie bei ihren abendlichen Balzflügen auf der Suche nach Weibchen einen langen, geraden Strich abfliegen und zwar in Baumhöhe. Das wiederum erfreut die Jäger, die sich mit ihren Flinten genau postieren können, um die Vögel abzuschießen. Der Schnepfenflug wurde auf die menschliche Gattung übertragen: Männer suchen im entsprechenden Revier nach Frauen, die auf dem Strich sind.

Ohnehin scheint die Sache mit dem Strich die Sprachphantasie mächtig beflügelt zu haben. Es gibt zahlreiche Striche in den Redensarten. Einen „Strich drunter machen", klar, das stammt aus der Buchhaltung, der Strich beim Saldo; nach „Strich und Faden prüfen" ist übertragen worden von den Webern, die die Arbeit ihrer Gesellen nach Webart, das war der Strich, und nach Material, nämlich dem Faden, zu kontrollieren hatten; dagegen ist das Bild vom „Strich in der Landschaft" ganz wörtlich zu nehmen: ein spindeldürrer Mensch eben.

Aber zurück zu den Prostituierten und ihrem Strich. Es gibt Sprachforscher, die die Schnepfentheorie für Quatsch halten und auf die Gaunersprache verweisen. Hier hat nämlich der Strich die Bedeutung von Grenzlinie. Und auf den Strich gehen heißt dann, im eigenen Bezirk arbeiten und nicht im Nachbarrevier.

Tabula rasa

Wenn jemand nach dem Essen den Tisch abfegt, dann würden wir nicht sagen, der hat „reinen Tisch gemacht", obwohl es ums Reinemachen geht. Eher schon, wenn er alles leergeputzt und aufgegessen hat. Doch mit dem Essen und dem Tisch hat die Redensart ursprünglich gar nichts zu tun, sondern stammt aus der Pädagogik, und zwar aus Rom. Die alten Römer schrieben auf Wachstafeln, in die sie die Schriftzeichen eindrückten. Die Schüler, die Studenten, die Händler, die Redner auf dem Forum ebenso wie die Notare vor Gericht, vielleicht auch die Hausfrauen auf dem Markt, alle hatten solche Täfelchen dabei, quasi Notizzettel, und wenn die voll waren, wurden sie nicht weggeworfen, sondern die Wachsfläche glattgemacht und konnte neu beschrieben werden. „Tabula" hießen die Täfelchen und das Glattschaben war das „rasa", das wir auch in dem Wort „rasieren" haben. Tabula rasa, oder wörtlich übersetzt: das Wachs wurde rasiert. Und daher stammt unsere Redensart „einen reinen Tisch machen".

Aber das haben schon die Römer nicht mehr wörtlich gemeint, sondern als Bild gebraucht für ein energisches Aufräumen, zu Ende Bringen, von vorn Anfangen. Die Redensart hat ja bis heute diesen Unterton von Rücksichtslosigkeit, mit der etwas abgeschlossen und Ordnung geschaffen wird.

Vom „tabula-rasa-Prinzip" spricht man jedoch auch in der Staatsrechtslehre, das einige Historiker sogar zu einer Art heiligem Grundgesetz erklärt haben wollen. Nach Kriegen, zumal nach Bürgerkriegen, wenn alle Seiten sich unendlich blutig, unversöhnlich und rachedurstig verstritten hätten, komme es darauf an, in einer wirklichen Generalamnestie einen Schlußstrich unter alle Verbrechen zu ziehen, und zwar für alle Zeiten und alle Seiten. Und das ist hochaktuell, wie wir den täglichen Nachrichten um die Friedensverhandlungen bei den diversen Bürgerkriegsfronten entnehmen können: „Tabula rasa", eben „einen reinen Tisch machen", auch wenn es ganz blutig zugeht.

Einen Türken bauen

Türken" - vor diesem Wort warnte der Chefredakteur in einer Rundfunkanstalt per Rundbrief seine Kollegen. Sie sollten es vermeiden, weil damit eine diskriminierende Nebenbedeutung verbunden sei. Und dabei ist es so üblich, das Wort „türken". Immer dann, wenn es um die Vorspiegelung falscher Tatsachen geht, wenn wir einen Ersatzmann an die Stelle der richtigen Person setzen, dann wird „ein Türke gebaut", und wenn wir etwas vormachen, dann wird „getürkt". Gerade in den Medien, in denen ja Dichtung und Wahrheit öfter nicht auseinanderzuhalten sind, ist die Redensart üblich.

Nun mag man darüber streiten, ob man - ganz pc - besser das Wort meidet. Tatsächlich ist die Redensart schon ziemlich alt. Sie stammt aus der militärischen Sprache und kam auf mit den Ritterspielen des Mittelalters. Für ihre Turniere mußten die Ritter üben. Es kam bei der kunstvoll-blutigen Technik des Duells darauf an, den Gegner mit der langen Lanze genau zu treffen und möglichst gleich beim ersten Mal aus dem Sattel zu heben. Schnellen Anritt und genauen Stoß übten sie mit Puppen, die fest montiert waren, sich aber um ihre eigene Achse drehten. Eine ähnliche Übung mit dem Degen hieß später beim Adel das Türkenkopf-Stechen. Die „Türkenköpfe" waren geschnitzte und farbig bemalte Zielfiguren.

Daß die Türken ihren Namen für diese Objekte adeliger Aggressionsabfuhr hergeben mußten, ist kein Wunder im Abendland. Zwar kommt der „Türke" erst mit den Kreuzzügen in den deutschen Sprachschatz, aber kurze Zeit später stand er bedeutungsgleich für Heide, Ketzer und jeden anderen Feind des Christentums. Noch bei Luther stehen die „Turcken" in der Nähe der „Teuffel", und in seiner Evangelienauslegung wirft er einem Ungläubigen vor: „Du glewbest wie die Turcken, Juden und der Teuffel glewbt."
Militärische Tradition und gesellschaftliches Vorurteil sind in dem Begriff verschlungen. Und wenn neuerdings der „Türke" als generelles Schimpfwort wieder in Mode kommt, ganz gleich ob als Kümmeltürke - was nebenbei gesagt ursprünglich die Bezeichnung für die armen Studenten aus der Gegend des Kümmelanbaus um Halle war -, als Knoblauchfresser, Ali, oder sonst eine Zuordnung, so sind das alles Indizien des alten und neuen Fremdenhasses hierzulande, zugleich aber drücken sie eine lange Tradition des Vorurteils aus.
Ein Wortgebrauch allerdings ist ganz aus der Mode gekommen, der vom „römisch Türk", also einem Türken, d.h. einem Ungläubigen, auf dem Papstthron, wie es in einem protestantischen Pamphlet von 1525 heißt. Heute spricht man eher vom „Polen in Rom", womit nicht nur die Herkunft von Karol Wojtyla gemeint ist.

Der Drahtzieher

In der Literaturgeschichte findet man bisweilen die Behauptung, Goethe sei zu seinem „Faust" von Robert Schäffer, einem Frankfurter Marionettenspieler, inspiriert worden. Man kennt dieses Spiel, bei dem einer hinter (oder genauer: oberhalb) der Bühne an einem Draht die Puppen führt. In seinen Händen sind das Werkzeuge, die er lenkt und bestimmt. Der Zuschauer weiß das natürlich, kennt den Strippen- und Drahtzieher, auch wenn er ihn nicht sieht. Manche sehen darin auch ein Bild für die Abhängigkeit des Menschen, wenn man so will eine Metapher für Gott. Offensichtlich hat die Puppenbühne einen mächtigen Eindruck hinterlassen, nicht nur auf den jungen Johann Wolfgang von Goethe, denn es gibt eine ganze Reihe von Redensarten, die darauf zurückzuführen sind. Der Mensch, der „die Fäden in der Hand hält", war ursprünglich dieser Marionettenspieler, der „die Puppen tanzen läßt" und auch der, der seine „Finger im Spiel" hat.

Heute wird das vor allem von den Politikern gesagt. Ein Drahtzieher in Bonn oder Berlin besorgt im Hintergrund die Parteigeschäfte, füllt die Kassen mit Spendengeldern oder bugsiert die richtigen Leute auf die entsprechenden Posten. Klüngelbruder heißt er im Rheinland oder Amigo in Bayern, die Seilschaft ist seine Truppe und Filz das Geflecht, das er spinnt. Wie man sieht: verwandte Materialien. Der Drahtzieher aber hat ein negatives Image. In einem großen Wörterbuch wird unter diesem Stichwort auf den Intriganten verwiesen, und dort findet man dann so fiese Umschreibungen wie den Ränkeschmied und Rechtsverdreher, den Hetzer, Wichtigtuer, Streber und Kuppler, den Denunzianten oder den Halunken. Und dabei war das einmal ein höchst ehrenwerter Beruf. Drahtzieher waren im Mittelalter die Handwerker, die durch die Löcher ihrer sogenannten Zieheisen die Metallstäbe zogen. Eine kunstvolle Handarbeit: denn je feiner die Löcher, um so dünner die Drähte.

Heute ist der Drahtzieher ein Lobbyist. Und der arbeitet nicht im verborgenen. Er hat sogar einen eigenen Aufenthaltsraum im Parlament: die Lobby. Da kann ihn jeder sehen und sprechen. Ob da allerdings Entscheidendes passiert, darf bezweifelt werden. Das geschieht wohl immer noch hinter der Bühne!

Einen Stein im Brett haben

Im „Zimmerischen Totentanz", der in der Sammlung Fürstenberg in Donaueschingen aufbewahrt wird, gibt es eine phantastische Zeichnung, auf der der Tod mit seinem knochigen Hintern auf einem Sarg sitzt, gegenüber ein Edelmann mit einer hohen Feder am Hut, zwischen ihnen ein Spielbrett. Die beiden spielen das Puffspiel oder wie es im Mittelalter auch hieß: Tricktrack. Das ist nun beileibe kein Kinderspiel, wenn die beiden die Spielsteine hin- und herschieben, es geht um Leben und Tod, jedenfalls für den Edelmann.

Die Spielfelder auf beiden Seiten des Bretts sehen aus wie langgezogene Dreiecke, genauso wie beim Backgammon, und so ähnlich sind auch die Regeln. Es kommt darauf an, möglichst viele Steine auf der gegnerischen Seite festzusetzen. Zwei sperren ein Feld und machen es für den Mitspieler unpassierbar. Man muß seine Steine im Brett haben, wenn man ordentlich parieren will. Vom Spiel ging das auf den Spieler über. Wenn wir einen „Stein im Brett" haben, dann hat jemand Sympathien für uns, er mag uns,

hilft vielleicht, wenn es darauf ankommt, wir sind bei ihm gut angeschrieben. Und das ist nicht der einzige Stein, der die Sprache bereichert und die Phantasie beflügelt hat. Der Stein, den wir ins Rollen bringen oder einem in den Weg legen, der ist wörtlich zu nehmen: der ganz konkrete Stein. Während andere wie der, den wir nicht als erste werfen sollen oder der Stein des Anstoßes und auch der Stein, der nicht auf dem anderen bleibt, alle aus der Bibel stammen, bzw. aus der sprachmächtigen Übersetzung des Dr. Martin Luther.

Daß wir locker „Stein und Bein" schwören, ist im Grunde eine bitterernste Sache. Wenn unsere Vorfahren in der späten Heiden- und frühen Christenzeit die Schwurhand hoben, dann einerseits nach alter Tradition auf einen heiligen Stein, oder was gerade an besonderen Felsbrocken da rumlag, aber andererseits schworen sie auch auf die Gebeine der christlichen Heiligen. Doppelt gemoppelt hält besser, das ist ja keine neue Erkenntnis und das könnte ich schwören, „auf Stein und Bein".

Der letzte macht die Tür zu

Die Abiturienten eines niederrheinischen Gymnasiums beendeten ihre Entlassungsfeier mit einem Umzug und einem Leiterwagen, auf dem ein großes Schild stand: „Der letzte macht die Tür zu." Und das meinten sie ganz wörtlich: nie mehr zurück, die Schule ist aus, endlich vorbei. Man kann das auch verstehen - nach in der Regel neun Jahren höherer Bildung -, daß man „die Tür von außen zumachen" möchte, in der Erwartung, alle anderen „Türen stehen offen", nachdem einem das Abitur „Tür und Tor geöffnet" hat.

So könnte man weitermachen mit den Sprachspielen um die Tür, mit der man ins Haus fallen oder die man jemandem weisen kann, indem man den Stuhl davor stellt, bevor man zwischen Tür und Angel noch schnell ein Geschäft erledigt, um am Ende vor der eigenen bzw. fremden Tür zu kehren. Immer geht es um den Eingang und um die Erfahrung von Zutritt oder Abweisung. Solange es Häuser gibt, gibt es eben Türen.

Die Tür, die der letzte Abiturient zumachen sollte, war jedoch ursprünglich symbolisch gemeint, selbst wenn die jungen Leute das wahrscheinlich nicht wußten. „Der letzte macht die Tür zu" ist ein sogenanntes Rechtssprichwort und be-

deutete, daß bei einem Todesfall der Gatte unter Ausschluß Dritter die Erbschaft antritt. Der Tod hat quasi die Tür geschlossen und das Erbe gegen die Verwandten dem überlebenden Ehepartner gesichert.

In der Art gibt es viele Sprichwörter, mit denen Rechtsätze in einprägsamen Formeln niedergelegt wurden. Das war leichter zu behalten als die oft spitzfindigen Formulierungen der Juristen. So etwa auch die Alltagsweisheit „Aller guten Dinge sind drei". Sie wird auf die Bedeutung der Dreizahl im mittelalterlichen Recht zurückgeführt: Dreimal im Jahr war Gerichtstag, dreimal mußte ein Angeklagter vor seiner Ächtung geladen werden und drei Richter waren mindestens nötig, um ein rechtskräftiges Urteil zu sprechen.

Weniger geläufig heutzutage ist inzwischen eine andere Redensart: „Wo kein Hahn kräht, kräht die Henne." Auch hier ging es ursprünglich ums Erben und bedeutete, daß die weibliche Erbfolge ersatzweise eintritt, wenn kein Mann mehr da ist. Aber das ist als Sprichwort verschwunden, vielleicht weniger, weil wir die Hähne nur noch im Zoo hören können, sondern weil es beim Erben heutzutage nicht mehr aufs Geschlecht ankommt, sondern aufs Testament.

Herein, wenn's kein Schneider ist

Ich erinnere mich an meinen Griechischlehrer im Sauerland, der munter rief: „Herein, wenn's kein Schneider ist." Wann immer es an die Klassentür klopfte. Eines Tages sorgte er für große Erheiterung, als Herr Kindel vor der Tür stand und seinem Sohn das Schulbrot bringen wollte. Herr Kindel war von Beruf Schneider. Nun, dem Lehrer war's peinlich, wir haben gelacht und mir fällt mein Griechischlehrer immer ein, wenn die Redensart gebraucht wird.

Wir verwenden ja diesen Spruch, wenn es uns egal ist, wer vor der Tür steht und eigentlich jeder hereinkommen kann, auch ein Schneider. Was sprachlich umgekehrt ausgedrückt wird, war ursprünglich auch so gemeint. Die Schneider waren oft Leute mit wechselndem Arbeitsplatz, zogen von Haus zu Haus, um die Wäsche zu flicken und die Kleider zu nähen. Und wenn sie dann zum nächsten Kunden wechselten und noch Rechnungen offenstanden und sie nachfragten bei den säumigen Schuldnern, wußten diese sie natürlich lieber draußen als drinnen, also alle herein, außer dem Schneider.
Ohnehin galten die Schneider immer als schwache, ja als

mickrige Personen. Sie verdienten schlecht, mußten oft nachts und feiertags arbeiten unter Termindruck und überhaupt, es war weibische, eben Frauenarbeit. „Arm wie ein Schneider" oder „frieren wir ein Schneider" sind Synonyme für dieses Bild, und wenn das „tapfere Schneiderlein" schon deshalb zum Held avanciert, weil es einige Fliegen erschlägt, wird die ganze Verachtung deutlich.

Doch all diese Vorurteile sind neueren Datums und meinen eher die Flickschneider. Denn tatsächlich gehörten im Mittelalter alle Berufe, die Stoffe verarbeiteten, zu den wichtigen Zünften und waren nach Material, Wert und Verarbeitung in zahlreiche Gruppen unterteilt. Wie alle anderen hatten auch die Schneider ihr eigenes Zunftgebäude in den Städten, das als Versammlungsort diente und in dem u. a. die wichtige Zunftrolle zusammen mit dem Siegel aufbewahrt wurde. Und wenn sich dann die Meister zu ihren Sitzungen bei offener Zunftlade trafen, dann waren das streng geschlossene Gesellschaften, zu denen kein Unbefugter Zutritt hatte. Und falls dann doch jemand klopfte, dann hieß es natürlich: „Herein, wenn's ein Schneider ist."

Seine Schäfchen ins Trockene bringen

Von dem Zeichner A. Paul Weber gibt es ein Bild, auf dem ein Fuchs auf den Hinterbeinen laufend durch das Wasser watet und auf den Armen ein Schaf trägt. Der Fuchs schaut lüstern, das Schäfchen eher unbesorgt und man denkt sich seinen sprichwörtlichen Teil: der „bringt sein Schäfchen ins Trockene". Aber irritierend in der Zeichnung ist ein Schiff, das an einer Leine von dem Schäfchen mitgeführt wird. Es wirkt wie ein Spielzeug, deutet jedoch auf eine bestimmte Interpretation der Redensart hin.

Im Niederdeutschen war das Schepken das Schiffchen, das bei Sturm ans Ufer, in den sicheren Hafen gebracht werden muß. Nun habe man in den Binnenregionen keine Ahnung von der Schiffahrt gehabt und das unverständlich gewordene Schepken durch das ähnlich klingende Schäfchen ersetzt, das ins Trockene gebracht werden müsse. Es gibt ja auch eine Reihe von bäuerlichen Erfahrungen und Wirtschaftsregeln, die ähnliches sagen: Schafe sollen auf hohen Feldern, Gehölzen und Bergen geweidet werden und nicht in sumpfigen Wiesen. Und bei Gewitter soll man die wertvollen Tiere in den Stall bringen.

Genauso ist unser Sprachgebrauch. Wer seine Schäfchen im Trockenen hat, verschafft sich einen Vorteil, sichert seinen Gewinn. Da stimmt das Depot und lacht die Rendite. Doch auf die Schafe angewendet blieb man die genaue Erklärung schuldig, bis Anfang des 20. Jahrhunderts Tierärzte herausfanden, daß Schafe auf sumpfigen Wiesen häufig von den Egelseuche, der „Distomatosis" befallen werden. Die vor allem hier vorkommenden Egel verursachen bei den Tieren schwere Leberentzündungen und können zu hohen Verlusten in den Herden führen. Das wußten die Hirten früher wohl auch, selbst wenn sie die Erreger nie unterm Mikroskop gesehen haben und nur wußten, daß man „seine Schäfchen ins Trockene bringen muß".

Aus dem Effeff

Vornehme Metzger annoncieren bisweilen ihre Wurstwaren mit einem „f" und die feineren mit einem „ff", lateinisch „fino" und „finissimo". Die Musiker kennen die selben Buchstaben auf ihren Notenblättern für „forte" und „fortissimo". In der Umgangssprache haben „f" und „ff" eine vergleichbare Bedeutung: man beherrscht eine Sache "aus dem Effeff", man weiß haargenau, worum es geht, kennt ein Ding genau.

Natürlich schwingt da lautmalerisch der Spaß an den gleichen Anfangsbuchstaben mit, wie beim „fix und fertig" oder moderner „fix und foxi". Aber das „ff" hat wie viele dahergesagte Redensarten einen genauen Ursprung, und der liegt beim römischen Kaiser Justinian. Dieser Mann, der im 6. Jahrhundert in Konstantinopel regierte und z.B. die berühmte Hagia Sophia bauen ließ, ließ von einer Gruppe Juristen das gesamte römische Recht aus dem Westen und aus dem Osten zusammentragen. Das wurden über 60 Bücher, im Zentrum die Werke der bekanntesten juristischen Schriftsteller, eine Sammlung genannt „Digesten", etwas wörtlich „Geordnetes". Das kommt vom lateinischen digerere, „ordnen", „zerteilen", auch „verdauen", was man versteht, wenn man an die Vorgänge im Magen denkt, worauf denn auch unser Digestif, das Schnäpschen zur besseren Verdauung, zurückzuführen ist. Aber zurück zur Sammlung Justinians, für die es noch ein anderes Wort gab: Pandekten. Das kommt aus dem Griechischen, von „pan" und „dechomai", und bedeutet „alles aufnehmend", „allumfassend". Und das hatte der Kaiser ja gewollt.

Nun muß man einen Zeitsprung von etwa 1000 Jahren machen bis ins späte Mittelalter, als nämlich die Gesetzessammlung wiederentdeckt wurde und als Corpus Juris Civilis eine bedeutende Rolle für unser Recht bekam. Da es keinen deutschen Nationalstaat gab, existierte auch kein gemeinsames Gesetz, kein Recht, das in allen deutschen Regionen und Staaten galt. So bezog man sich lange auf das römische Recht, das bis in unser Bürgerliches Gesetzbuch hinein die juristischen Begriffe und Denkweisen geprägt hat. Und wenn immer diese römischen Pandekten, die Sammlung Justinians, zitiert wurden, gaben die Autoren die Quelle an mit dem griechischen Buchstaben „p" für Pandekten.

Und jetzt wird es graphisch mit der Erklärung: Das griechische „p" oder „pi" sieht aus wie ein Hocker - zwei kleine senkrechte und darüber ein waagrechter Strich, und um diesen kleinen Buchstaben zu verstärken, wurden die senkrechten Striche von den Kanzleischreibern nach oben über den Querstrich hinaus verlängert, um sie visuell zu verdeutlichen und gleich zu zeigen, woher das Wissen oder das Zitat stammt.

Damit jedoch sah das „p" aus wie zwei eng nebeneinanderstehende „f". Und wenn fortan aus den Pandekten zitiert wurde, dann war das „aus dem effeff". Daraus schöpfte der Jurist sein Wissen, es war belegt, zuverlässig und gründlich. Eben „aus dem effeff".

Vom grünen Tisch

Wir kennen Wohn- und Eßzimmertische, runde Tische im Café und rechteckige Schreibtische im Büro. Es gibt den Billardtisch zum Spielen, den Seziertisch, wenn es zu Ende ist oder den Katzentisch für den Katzenjammer. Es gibt sogar Leute, die glauben, der Nachtisch oder der Fetisch seien Möbelstücke. Was wiederum für den Nierentisch zutrifft.

Meistens geht es um die Form, nicht um die Farbe. Das ist anders beim grünen Tisch. Der grüne Tisch ist das Möbel, an dem die unsinnigen und inkompetenten Pläne gemacht werden. Hier nehmen die blutleeren Fachidioten Platz, die vom Alltag keine Ahnung haben. „Am grünen Tisch entscheiden", das ist gleichbedeutend mit mangelndem Sachverstand.

Doch saßen am ersten, dem grünen Urtisch sozusagen, tatsächlich ganz kompetente Leute. Es war der Beratungstisch im Kurfürstenzimmer des Reichstages zu Regensburg. Seit den Zeiten Karls des Großen war Regensburg ein bevorzugter Ort der Reichsversammlungen. Zu wichtigen Anlässen trafen sich Reichsfürsten und -grafen, Prälaten und Reichsstädte am grünen Tisch, Leute mit Macht. Ihre Themen waren Verträge, Steuern, die Änderung der Verfas-sung oder die Entscheidung über Krieg und Frieden. Alles Themen am grünen Tisch. Irgenwann bekamen sie wohl Spaß an den Treffen, die Versammlungen häuften sich, am Ende gab es ab 1663 in Regensburg den immerwährenden Reichstag. Man tagte in Permanenz. Das war möglicherweise die Geburtsstunde moderner Konferenzpolitik, nach dem Motto „Außer Spesen nichts gewesen".

Natürlich blieb das auch dem Publikum nicht verborgen. „Am grünen Tisch" wurde zum Begriff abgehobener, blutleerer und inkompetenter Entscheidung. Für die Beteiligten mag er ja auch eine Art Spieltisch gewesen sein, das würde dann auch erklären, weswegen Skat- und Billard-, sogar Roulettische ein grünes Tuch haben.

Bleibt aber die Frage, warum die Farbe Grün gewählt wurde? Natürlich steht Grün für das Wachsende, das Frische in der Natur. Ein „grüner Junge" wie ein „grüner Hering" sind noch unreif, unfertig - sie geben Anlaß zur Hoffnung, aber man muß abwarten. Grün ist ein optimistisches Symbol, das meinen ja wohl auch die Grünen. Und außerdem ist grün gut für die Augen, und das erklärt wiederum die Marathonsitzungen in Regensburg.

Unterm Pantoffel stehen

Aus dem österreichischen Innviertel wird von einer ziemlichen Turbulenz vorm Traualtar berichtet, die noch im vergangenen Jahrhundert vorkam. Denn kaum hatte der Priester den ehelichen Bund gesegnet, begann ein heftiges Gerangel. Jeder der beiden Brautleute versuchte, dem anderen auf den Fuß zu treten.

Dahinter stand der feste Aberglaube, daß der Untere zeitlebens unter dem Pantoffel steht. Eine sehr sinnliche Illustration der Redens- und Denkungsart. Und auch wenn im Innviertel beide Geschlechter beteiligt waren, sind umgangssprachlich damit vor allem die Männer gemeint, die von ihren herrschsüchtigen Ehefrauen abhängig sind. Sie haben daheim nichts zu sagen, müssen gehorchen, stehen eben unterm Pantoffel.

Die Sprachwissenschaftler haben sich einige Mühe gemacht, den Ursprung zu erklären. Am Anfang, erzählen sie, war eine Keule, an zahlreichen Stadttoren des Mittelalters, sichtbares Zeichen kommunaler Gerichtsbarkeit. Als aber in Wien oder Frankfurt an der Oder, wo diese Symbole städtischer Freiheit gehangen haben, der Sinn in Vergessenheit geriet, sah man in der Keule einen Schinken und erfand eine neue Geschichte. Der Schinken sei als Preis für den Mann ausgesetzt, der beweisen könne, daß er von seiner Frau nicht beherrscht wird. Und am Wiener Rotenturm-Tor wurden sogar Lieder zu dieser love-story gesungen. Der Preis für den Wettbewerb um die häusliche Herrschaft war nämlich in den Legenden ein Stiefel. Und der hing neben dem Schinken, so daß derjenige, der ihn nicht erreichte, darunter blieb, eben „unterm Stiefel" stand. Und am Ende gibt es eine Gleichsetzung von Stiefel und Pantoffel. Beide seien schließlich Bekleidungsstücke für den Fuß, und da sei „unterm Pantoffel" als Redensart übriggeblieben. Sagen die Sprachwissenschaftler.

Man kann sie sich richtig vorstellen, diese sprachliche „Klimax": zuerst die Keule, Symbol der Gerichtsbarkeit, dann der Schinken und über den Stiefel bis zum Pantoffel. Das zeugt von lebhafter Phantasie, ist aber an den Haaren herbeigezogen. Tatsächlich ist der Pantoffel wie die Schürze und andere Kleidungsstücke, pars pro toto, eine Bezeichnung der weiblichen Person und hat gleichzeitig eine spezifisch erotische Bedeutung.

Der Schuh mit seiner Öffnung, zumal der weiche Pantoffel, wenn er gefüttert und mit Pelz ausstaffiert ist, wie auch der Fuß, der hineingesteckt wird, sind offensichtliche Sexsymbole. Und so war es zunächst eine erotische Anspielung, wenn vom Pantoffel die Rede war, und ist erst nach und nach sprachlich abgesunken bis zum Synonym für Weiberherrschaft.

Verflixt und zugenäht

Es gibt Situationen, in denen man hemmungslos gern flucht. „Verflixt und zugenäht", „verdammt", „verflucht", das ist ein Teil des Repertoires, das dann zur Verfügung steht. Auf dem Fahrrad z.B., wenn man gleichzeitig den Lenker festhalten und die Jacke zumachen will. Oder an der dunklen Haustür im Winter mit klammen Fingern, wenn einem zum dritten Mal der Schlüsselbund runtergefallen ist. Und ganz bestimmt auch in der Telefonzelle, wenn der Apparat partout die Groschen nicht akzeptiert. Mißgeschick im Alltag, das ist es und da wird man die entsprechenden verbalen Attacken vielleicht verstehen und die Flüche entschuldigen können.

„Verflixt und zugenäht" hat damit und mit Ungeduld zu tun, wenn etwas nicht klappt, ist Ausdruck des Ärgers und die Steigerung des einfachen „verflixt" oder „verflucht". Doch obwohl das Fluchen sicherlich immer schon Bestandteil menschlicher Sprache war, also uralt ist, hat diese Redensart einen exakten und zwar literarischen Ursprung.

Der Mecklenburger Fritz Reuter war Mitglied der Burschen-schaften im frühen 19. Jahrhundert und mußte als Demokrat in der Zeit der politischen Repression nach 1833 lange Jahre in Festungshaft verbringen. Später wurde er zu einem gefeierten Mundartdichter und hat seine Lebenserinnerungen in einer großen Trilogie aufgeschrieben. In dem zweiten Band „Ut mine Festungstid" geht es u.a. um die Studentenjahre, und darin kommt der Vers vor:

„Als mir mein Liebchen
die Folgen unserer Liebe gesteht,
da hab' ich meinen Hosenschlag
verflucht und zugenäht."

Man mag sich das plastisch vorstellen, wie der junge Akademiker von der Schwangerschaft seiner Freundin erfährt, er selber ist noch längst nicht fertig mit seinen Studien, hat auch alles andere als die Ehe im Kopf, und wie er dann hemmungslos die absehbaren Folgen verflucht und sich in Konsequenz die Hose zunäht. Aber das war nicht nur zwecklos, weil zu spät, sondern auch hilflos, denn die Hose selbst wird er bei der Tat ja wohl kaum angehabt haben.

Etepetete

Die Rheinländer haben sprachlich die große Begabung, Eigenschaften ihrer Mitmenschen, mit Vorliebe hervorstechende Eigenschaften, an die Stelle der ganzen Person zu setzen, quasi pars pro toto: der Schmal, der Fuss oder der Jeck. Da weiß jeder, was das Besondere ist an dem so definierten Gegenüber: ein dürrer Mensch, ein rothaariger und eben ein jecker, einer, der gern feiert. Ähnlich ist es in Köln mit dem Ätepetet. Das ist ein Feintuer, einer der geziert und übertrieben steif oder vornehm ist, oder auch besonders empfindlich und feinfühlig. Der ist, hochdeutsch und als Adjektiv ausgedrückt, eben „etepetete".

Die Sprachwissenschaftler sind ziemlich nüchtern mit der Erklärung der Herkunft dieses Begriffs. Es sei ein Wortwitz aus den im Norddeutschen verbreiteten Grundwörtern „ete" und „öte". In Mecklenburg bedeutet das davon abgeleitete „Ötigkeit" ein geziertes Wesen. Ähnliche lautmalende Verdoppelungen kommen ja öfter in der Sprache vor, wenn eine Sache verstärkt und damit besonders betont wird, wie „eiapopeia", „holterdipolter" oder „rumsdibums".

Nun muß ich gestehen, daß mich diese Ableitungen nicht sonderlich überzeugen, zumal unklar bleibt, woher die norddeutschen Grundwörter „ete" und „öte" stammen sollen. Vielleicht von der Öde, der Leere? Mecklenburg ist ja bekanntlich Flachland, und einer der besonders leer und damit nichtssagend ist, der ist wohl etepete.

Ich kam erst auf die richtige Lösung bei einem Kneipengespräch, natürlich in Köln, als ein Tischnachbar erklärte, das sei doch ganz einfach, etepetete ist die populäre Variante von Ethos und Pietas. Damit seien eben die Leute gekennzeichnet, verhohnepipelt, die diese Begriffe immer im Munde führten, die Oberstudienräte z.B., die ständig vom Ethos und der Pietät redeten: vornehm, geziert, übertrieben, eben „etepetete".

Frech wie Oskar

Auf der Liste der beliebtesten deutschen Vornamen taucht „Oskar" seit zwanzig Jahren nicht auf, vielleicht war er auch noch nie unter den bevorzugten Namen. Und man kann darüber spekulieren, ob es einen Zusammenhang gibt zwischen der Namenswahl der Eltern und der mentalen Entwicklung der Sprößlinge. Auf jeden Fall drückt die Entscheidung für einen Namen oft auch eine bestimmte Erwartung aus. Vor allem bei literarischen Kindern, und es ist sicher kein Zufall, daß Günther Grass die Hauptfigur seiner „Blechtrommel" Oskar genannt hat, Oskar Mazerath, der zwergwüchsige Junge, der mit seinen hellen Schreien und der Trommel die Gläser zum Zerspringen bringt. Eine Kunstfigur, aber eben „frech wie Oskar".

Die einschlägigen Lexika bieten unterschiedliche Erklärungen an, woher diese Redensart kommt. Der Duden führt sie auf den Anfang des Jahrhunderts populären Berliner Theaterautor und beißenden Kritiker Oskar Blumenthal zurück, während ein anderes Wörterbuch auf den Leipziger Jahrmarktsverkäufer namens Oskar Seifert hinweist, der für seine derbe Ausdrucksweise bekannt gewesen sei. Denn „frech wie Oskar", das ist ein dreister, unverschämter, anmaßender, unverfrorener, meist junger Mensch und natürlich männlich.

Doch ist die Herkunft des Wortes sehr viel näher an der Bedeutung als man denkt. Es kommt aus dem Jiddischen, von „ossik", das heißt „frech" und „verhärtet" und hat sich über „ossoker" zu „Oskar" entwickelt. Eigentlich ist „frech wie Oskar" also eine Tautologie, damit wird die Aussage noch verstärkt. Der ist eben besonders frech.

Es gibt zahlreiche andere Beispiele der Alltagssprache, die sich ebenfalls aus dem Jiddischen herleiten lassen. „Es ist Essig" sagen wir, wenn etwas nicht geht, zu Ende oder kaputt ist. Das Wort hat nichts mit der sauren Würze zu tun, sondern kommt vom jidischen „hesek", dem Schaden. Genausowenig ist das Gefäß gemeint, wenn wir sagen „alles im Eimer". Das Wort „ejma" bedeutet im Jiddischen einfach Furcht. Man hat also Furcht oder Pech, wurde unangenehm überrascht und das Resultat: „alles im Eimer". Oder ein drittes Beispiel: Wenn wir jemanden „auf die Schippe nehmen", ist das nicht böse, sondern eher nett gemeint, und darin drückt sich noch der Ursprung des Wortes „chiba" aus, das ist die Liebe im Jiddischen. Man hat also einen hochgenommen, indem man etwas Angenehmes, eben Liebe vorgespiegelt hat.

„Mores lehren", „den Vogel zeigen" oder „den Lukas hauen", es gibt eine Fülle ursprünglich jiddischer Worte, die über die sprichwörtlichen Redensarten in unsere Sprache gekommen sind. Wir kennen deren Herkunft nicht, weil wir auch das Jiddische nicht mehr kennen.

Zieht wie Hechtsuppe

In einem der gängigen Sprichwörterlexika wird die „Hecht-suppe" mit einem Wortspiel erklärt. Ähnlich wie der Luftzug dauert, müsse auch eine Fischsuppe lange ziehen, um schmackhaft zu werden. Das klingt nett, ist aber an den Haaren herbeigezogen und die Redensart hat mit Fischen nichts zu tun. Sie stammt aus dem Jiddischen und übernimmt das Wort „Hech supha", das ist der Sturmwind, oder poetisch die Windsbraut. Zunächst war das also eine wörtliche Beschreibung: es zieht wie Hech Supha, nämlich so heftig wie beim Sturm.

Ähnliche feststehende Redensarten, deren jiddischen bzw. rotwelschen Ursprung wir nicht mehr kennen, führen wir tagtäglich im Munde. Wenn wir sagen: „Du hast einen Bammel", stammt das vom „ba'al-ejma", dem Angsthasen, und hieß ursprünglich: „Du heißt ein Bammel", also: Du heißt Angsthase. Oder wenn wir davon reden, daß man einem „zuredet wie einem kranken Gaul", dann klingt das zwar wie eine alte Bauernweisheit, aber tatsächlich ist der kranke Gaul eine deutsch-jiddische Tautologie, denn „chaule" heißt krank und wurde mißverstanden als „Gaul". Es geht um Krankheit, nicht um Zoologie, so wie „Schmiere stehen" auch nichts mit Geld oder Schmieren und Bestechen zu tun hat, sondern vom hebräischen „Semira" und Jiddischen „Schmiro" kommt und das heißt Bewachung.

Aber so ist das mit der Sprache - zunächst ist sie ganz wörtlich zu nehmen. Dann gerät die Bedeutung mehr und mehr in Vergessenheit, weil das Jiddische nicht mehr gesprochen und verstanden wird, und am Ende werden daraus unsere Redensarten.
„Hals- und Beinbruch" und dieser fromme Wunsch ist natürlich auch jiddisch und heißt zurückübersetzt: „Hazloche" „Glück" und „Broche" „Segen", „Glück und Segen" also. Und auch unser Wunsch zum Jahresende - „Guten Rutsch" - hat nichts mit Schnee und Eis zu tun, sondern stammt vom jiddischen „Ruach", Wunsch und Segen. Also: „Guter Segen zum neuen Jahr."

7. Kapitel

Von Glück und Unglück

Christopherus hilft!

Kreisrund ist die Medaille, drei bis fünf cm Durchmesser, aus Metall und hinten magnetisch, meist hängt sie am Armaturenbrett. Das Halbrelief zeigt einen kräftigen Mann, der auf den Schultern ein Kind durchs Wasser trägt und sich auf einem starken Baumstamm abstützt: der Heilige Christopherus. Sein Abbild wird wieder populär als Amulett gegen Unfall, Schaden und plötzlichen Autobahntod.

Hinter diesem Bild steckt eine uralte Vorstellung. Früher dachte man sich die Erde als Scheibe, am Rand war Wassser, der Ozean oder ein breiter Fluß, und jenseits lag das Reich der Toten. In der Antike gab es eigens einen Fährmann namens Charon, der die Toten hinübergefahren hat, über den Totenfluß, den Acharon. Bisweilen finden die Archäologen bei Ausgrabungen noch Münzen in der Hand der Skelette, das war das Fährgeld, das man den Toten mitgab, für die Passage. Ohne Rückfahrkarte natürlich. Daher sprechen wir auch davon, einer ist „über den Jordan gegangen" - oder früher im Rheinland: „über den Rhein" -, wenn er gestorben ist.

Das christliche Publikum hat dieses Bild von der letzten Reise übers Wasser und vom Fährmann übernommen, nur hat man ihm einen neuen Namen gegeben: Christopherus, wörtlich: der Christusträger. Man findet sein Bild oft an alten Friedhofsmauern, und in mittelalterlichen Kirchen steht die Figur immer direkt am Eingang. Die Menschen haben geglaubt, wenn sie ihn täglich sehen, dann kann ihnen an diesem Tag nichts mehr passieren, jedenfalls würden sie nicht ohne Sakramente und unvorbereitet umkommen.

Jedenfalls war früher ganz klar: Christopherus hilft nicht gegen das Sterben, sondern sorgt für einen guten Tod. Vielleicht sollten das die Autofahrer heutzutage bedenken, mit dem Christopherus-Amulett am Amaturenbrett. Er ist keine Garantie gegen den Unfall, auch nicht gegen den Tod. Im Gegenteil, er hilft nur gut hinüber.

In dem Fall wäre ein Airbag vielleicht doch besser. Man kann den Christopherus ja noch auf den Airbag darauf kleben. Für alle Fälle.

Der vierblättrige Klee

Am 17. März geht in Irland die Post ab. Jedes Jahr. Es ist der Tag des Heiligen Patrick und alles ist grün oder wird grün gemacht. Die Häuser und Plätze sind mit grünen Girlanden geschmückt, grüne Bänder werden über die Straßen gespannt, selbst das Wasser in den Brunnen wird grün gefärbt. Man kann das verstehen nach der rauhen Jahreszeit. Die Iren freuen sich auf den kommenden Frühling. Die Farbe ist zum Synonym für das Land geworden, die „Grüne Insel". Und das Kleeblatt gilt als irisches Firmenzeichen, obwohl es nicht die Nationalflagge ziert: dort ist eine Harfe zu sehen.

Es ist auch kein Zufall, daß diese grüne Orgie am Tag des Heiligen Patrick gefeiert wird, dem irischen Nationalheiligen. Der kam im 5. Jahrhundert als französischer Missionar auf die Insel, und die Legende erzählt, er habe den Iren die auch für einen Normalsterblichen schwer verständliche theologische Formel von der Dreifaltigkeit Gottes anhand eines dreiblättrigen Kleeblatts illustriert. Das leuchtet ein, auch wenn es nichts erklärt. Aber seitdem ist dieses Blatt Symbol für Frische, Glück und Segen und längst auch auf dem europäischen Festland heimisch geworden als Schmuck bei Firmenjubiläen oder Geburtstagsfeiern, bei Hochzeiten und an Silvester sowieso.
Die Iren hatten es vergleichsweise leicht mit diesem Symbol, weil schon ihre keltischen Vorfahren das Emblem der dreifachen Göttin, der Dame mit dem Dreieck, kannten, und ihr Partner Träger des dreifachen Schlüssels oder des Dreizacks war. Beide, Dreieck und Dreizack, sind Urbilder weiblicher bzw. männlicher Gottheiten und werden als Symbole für Vulva bzw. Phallus gedeutet. Das dreiblättrige Kleeblatt jedenfalls war die christianisierte Weiterentwicklung dieses Ursymbols, das alle kannten, und das erklärt auch die enorme Verbreitung und Popularität.

Es wird eigentlich nur noch übertroffen vom vierblättrigen Klee. Der ist besonders selten zu finden und dementsprechend vom abergläubischen Glücksversprechen überhöht. Den vierblättrigen legt man sich z. B. in den Schuh, denn er hilft gegen Müdigkeit oder im Portemonnaie beim Glücksspiel; er läßt einen das wahre Wesen seiner Mitmenschen erkennen - vor allem der weiblichen! - und ist wichtiges Requisit beim Liebeszauber: unterm Kopfkissen hilft er im Traum den künftigen Partner zu sehen und, heimlich in dessen Tasche gesteckt, bricht er alle Widerstände. Verständlich, daß der vierblättrige hochbegehrt ist, allerdings darf man ihn nicht suchen. Man muß ihn finden, am besten zufällig.

So wie eine frühere Nachbarin, Frau Schmitz, die begeistert von einem ganzen Dutzend erzählte, die sie gleich gepflückt hatte, als Vorsorge für alle Widrigkeiten des Alltags. Das war in der Schleife der Autobahnauffahrt am Kölner Zoo, in der ansonsten nur Kaninchen leben. Doch ein befreundeter Naturwissenschaftler erklärte ihr, daß dies keine Beliebigkeit der Biologie sei, sondern daß es sich um genetische Mutationen handle. Der vierblättrige Klee war an dieser Stelle weniger dem Zufall der Natur als den Abgasen der PKWs zu verdanken.

Bitte nicht pfeifen! - Vom Aberglauben auf der Bühne

Schauspieler haben merkwürdige Angewohnheiten. Sie bedanken sich nicht, wenn ihnen einer vorab für eine gute Aufführung Erfolg wünscht; sie spucken sich vor einer Premiere gegenseitig dreimal über die linke Schulter und lassen sich keinen Knopf annähen an ein Kostüm, das sie schon anhaben; bei einer Probe würden sie nie über die Rampe springen und wenn einer pfeift auf der Bühne, dann werden sie sauer.

Das alles hat mit Glück zu tun bzw. mit Unglück, aber wie kommt es, daß gerade auf der Bühne so viele Rituale existieren, die man sonst nicht kapiert und kennt? Das mit dem Pfeifen ist noch das erklärlichste. Das Publikum könnte es als Aufforderung verstehen und die Schauspieler auspfeifen. Andere erklären das allerdings historisch, daß es früher ein Alarmsignal war, wenn z. B. Feuer ausbrach, und das passierte nicht selten bei den hölzernen Theaterbauten. So wäre jeder Pfiff ein Fehlalarm.

Daß sich allerdings ein Künstler nicht bedankt, wenn man ihm gutes Gelingen wünscht: dahinter steckt der weitverbreitete Aberglaube, man dürfe niemals das Gute herbeiwünschen, sondern genau das Gegenteil. Wer Böses wünscht, meint das Gute. Deshalb „Hals- und Beinbruch" für einen erfolgreichen Auftritt.

Und auch das Spucken erscheint nicht mehr so weltfremd, wenn man ein wenig zurückblickt. Erst die modernen Hygienevorschriften haben es diskreditiert. Der Speichel war ein wichtiges Heil- und Zaubermittel. Jesus hat bekanntlich mit seinem Speichel einem Blinden zum Sehen verholfen. So war es auch selbstverständlich, durch Spucken Unheil abzuwehren und die Geister oder den Teufel zu vertreiben. Das verbale „Pfui Teufel" war vielleicht ursprünglich mit einem kräftigen Rotzen verbunden.

So kann man manches erklären und vieles herleiten, aber trotzdem bleibt die Frage, warum Schauspieler oder Künstler besonders anfällig für solche Rituale sind. Hängt es mit der Unsicherheit ihres Berufes zusammen, wie einer vermutete? Müssen sie das Glück häufiger beschwören, weil ihr Erfolg nicht planbar, das Berufsrisiko unwägbar ist? Möglich. Aber das ist bei Bergleuten und Autobahnpolizisten nicht anders, ohne daß spezielle Riten bekannt wären.

Es hängt wohl eher mit der Herkunft des Theaters zusammen. Das Schauspiel war ursprünglich kein Zeitvertreib, sondern Teil des Lebens und der Religion. Am Anfang stand der Sympathiezauber, ein Elementargedanke magischer Religion, daß man nur etwas richtig darzustellen braucht, um es wirklich geschehen zu lassen. Die ersten Spieler waren Priester, deren dramatisches Tun die Götter und Mächte bewegen sollte, ihren Wünschen zu folgen. Klar, das war riskant und unvorhersehbar, und sie mußten sich absichern und vorsehen. Daher der Aberglaube vor dem Glauben, wie die Rückversicherung vor dem Schadensfall.

Schwören

Tritt in Bonn oder Paris oder Rom eine neue Regierung an, dann sehen wir in der Zeitung am nächsten Tag das Bild, wie der Regierungschef im Parlament steht und seinen Amtseid leistet. Die rechte Hand erhoben, schwört er, dem Wahlvolk zu dienen und die Verfassung zu achten. Jeder kennt diese Geste, sie gehört zur parlamentarischen Ikonographie, wobei es ja noch selbstverständlich ist, daß er auf die Verfassung schwört. Warum aber heben alle dabei die Hand, und zwar die rechte?

Geschworen und beeidet wurde und wird in allen Kulturen und bei allen Völkern. Seinen Ursprung hat der Eid im Zauber und ist mit dem Fluch verwandt. Beim Schwur wird die eigene Persönlichkeit eingesetzt, quasi als Pfand, denn zum Beweis der Wahrheit diente ursprünglich die Selbstverfluchung. Ich kann mich noch gut an die Formel meiner Kindheit erinnern: „Vatter, Mutter, Kind stirbt!", wenn wir eine unglaubliche Behauptung als reine Wahrheit untermauern wollten. Die Kontrolleure der Wahrheit von Eid und Schwur waren die Götter. Deshalb hat man im Mittelalter z. B. „Stein und Bein" geschworen, d. h. auf den Stein des Altars und das Gebein der Heiligen, und deshalb legen die Buchreligionen ihren Anhängern heute noch die Bibel oder den Koran beim Eid vor.

Inzwischen hat man vor Gericht die Auswahl - bei uns jedenfalls -, mit und ohne religiöse Beteuerung, aber die Hand wird immer noch gegen den Himmel gereckt. In der Strafprozeßordnung ist in Paragraph 66 c, Absatz 4 klar geregelt: „Der Schwörende soll bei der Eidesleistung die rechte Hand heben." Diese Geste war eine symbolische Handlung, um einen Eid zu bekräftigen und das angerufene Gottesurteil auf den Schwörenden zu lenken. Die erhobene Hand diente quasi wie ein Blitzableiter, die göttliche Energie anzuziehen. Das ist der Grund, warum wir als Kinder darauf achteten, daß keiner beim Schwören die andere Hand nach unten hielt und die Finger gegen den Boden streckte, da wäre die Energie durchgesaust und der Schwur ungültig gewesen.

Üblicherweise wurden drei Finger gehoben, nämlich Daumen, Zeige- und Mittelfinger. Man redet ja auch von der „Schwurhand" und von dieser Geste hatte der frühere Innenminister und bayrische CSU-Politiker Zimmermann seinen Spitznamen - „Old Schwurhand" -, wegen des häufigen Gebrauchs bei niedrigem Wahrheitsgehalt. Inzwischen ist es egal, wieviele Finger man hebt. Hauptsache nach oben.

Aber, man sollte aufpassen, je nachdem, wo man schwört. Einen Finger gereckt bedeutet in der Regel „Achtung, ich bin's", jedenfalls der Zeigefinger. Der Mittelfinger, der im Fußball populäre „Stinkefinger", meint schon was ganz anderes. Zwei Finger, nämlich Zeige- und Mittelfinger, sind in England das Zeichen für „Victory", jedenfalls solange man die Handfläche dabei nach vorne hält; umgekehrt, mit dem Rücken zum Gegenüber, sind die zwei Finger auf den Britischen Inseln eine Beleidigung, da hat sich schon mancher Kontinentaleuropäer vertan. In Japan wiederum bedeuten die vier Finger der rechten Hand eine schwere Diskriminierung. Am besten streckt man die ganze Hand in den Himmel, da kann man nichts falsch machen, aber bitte keine Faust, das wäre wieder mißverständlich.

Toi, toi, toi

Zwischen Frankfurt und Aschaffenburg geriet auf der A 3 aus unerklärlichen Gründen ein schwerer Mercedes auf den Randstreifen, kam ins Schleudern, überschlug sich und landete schließlich auf dem Dach. Die Insassen waren angeschnallt, der Fahrer nicht betrunken, und bis auf das ramponierte Auto und einen zerfurchten Acker war nichts passiert. Der Fahrer schwieg, aber der Beifahrer erzählte später im kleinen Kreis, sie hätten sich unterhalten, daß noch nie in diesem flotten Auto etwas passiert sei und dann suchte der Fahrer - toi, toi, toi! - ein Stück Holz - vorne war nichts, alles Plastik -, also schaute er sich um, na ja, und dabei passierte es eben.

Da kann man jetzt schwanken zwischen Schadenfreude und „Siehste!" Aber trotzdem, warum klopfen wir eigentlich auf Holz, wenn wir über ein Unglück geredet oder einen Schaden erwähnt haben, die in der Zukunft eintreten könnten? Die Details des Rituals sind ja klar: es müssen immer die Fingerknöchel sein, und zwar der rechten Hand, selbst bei Linkshändern, und auf Holz muß geklopft werden.

Mit dem Holz, das ist ein uralter Aberglauben und reicht zurück bis in die Zeit, als unsere Vorfahren die Bäume berührten, vor allem die Eiche, um die Geister zu besänftigen. Ihre Wurzeln reichten bis in die Unterwelt hinab, ins Reich der Dämonen. Die Christen haben die Eiche später durch das Kreuzesholz ersetzt, das beliebteste Objekt frommer Verehrung im Mittelalter, und in unzähligen Exemplaren als Reliquien übers Abendland verbreitet. Ein frommer Spötter hat später einmal behauptet, wenn man alle Partikel zusammenzähle, komme man auf eine ganze Schiffsladung Holzbalken.

Das Klopfen wiederum hat man von den Geistern übernommen, das ist ihre Art der Kommunikation und das Mittel, Gewalt über die Menschen zu erlangen. Bei allen Berichten über den Spuk ist ja immer auch von unerklärlichen Klopfgeräuschen die Rede. Geister klopfen, vornehmlich die bösen Geister. Indem man nun selber klopft, bemächtigt man sich ihrer Mittel. Denn die Geister sind eifersüchtig, wollen uns übel und den Menschen Böses antun. Und wenn man dann schon selber vom Unglück spricht, ihre Macht quasi erwähnt, dann klopft man gleich anschließend, um sie zu bannen und das Übel abzuwehren.

Das Ritual ist übrigens nicht nur bei uns, sondern in ganz Europa verbreitet, vor allem auf den Britischen Inseln. Die englischen Schlösser und Burgen bieten ja bekanntlich einen Standortvorteil für Geister und Dämonen. Und in den Niederlanden klopft man von unten gegen den Tisch. Angeblich ist es wirkungsvoller, auf rohes Holz zu klopfen, als oben drauf auf dem Lack, sagen die Holländer. Aber vielleicht ist das auch nur eine protestantische Ausrede, die sind ja per se ungläubiger.

Über die Wupper gehen

Das Wort „Sterben" ist ein Tabu. Man muß sich nur einmal ein Dutzend Todesanzeigen anschauen, welche phantasievollen Umschreibungen da gewählt werden. Nicht nur im offiziösen Gebrauch, auch in der Alltagssprache. Da ist einer abgenippelt oder abgekratzt, früher auch über den Jordan gegangen oder über die Wupper. Das mit dem Jordan kommt aus dem Alten Testament: Der Jordan war - im übertragenen Sinne - die Grenze vor dem Paradies. Hierzulande sprach man davon, daß einer über den Rhein gegangen ist, wenn er starb.

Die Redensart kommt zwar aus der Mode, aber man spricht im Rheinland von der anderen Rheinseite immer noch mit einer abwertenden Bedeutung. Dagegen ist das „über die Wupper gehen" ganz geläufig und man fragt sich, wieso gerade die Wupper, warum nicht die Emscher oder die Ruhr?

Vielleicht hängt es damit zusammen, daß an der Wupper ein frühes Industriegebiet entstand, mit vielen kleinen Betrieben, die häufig Bankrott machten, und da den frommen Wuppertaler Protestanten das Bild vom biblischen Jordan so geläufig war, übertrugen sie es gleich auf ihren eigenen Heimatfluß.

Es gibt jedoch eine andere Erklärung. Die Wupper war im 17. und 18. Jahrhundert die Grenze zwischen dem Herzogtum Berg und der preußischen Grafschaft Mark, bis in die zwanziger Jahre des 20. Jahrhunderts übrigens noch die Grenze zwischen Rheinland und Westfalen. Und über die Wupper flohen die jungen Männer aus dem preußischen Staatsgebiet, wenn sie den Häschern und rabiaten Werbern des Soldatenkönigs Friedrich Wilhelm I. entgehen wollten. Der ließ nämlich regelmäßig Zwangsrekrutierungen vornehmen, um seine Truppen aufzufüllen. Wie gesagt, jenseits der Wupper, auf Bergischem Territorium, waren die jungen Männer in Sicherheit.

Trauerfarbe Schwarz

Am Anfang von Tschechows „Die Möwe" fragt Medvedenko, warum Masa immer Schwarz trage. Die Antwort: „Das ist die Trauer um mein Leben." Ich weiß nicht, wie das bei einer Aufführung in Tokio oder Peking ist und ob die das verstehen. Denn bei den Chinesen und Japanern ist Weiß die Trauerfarbe. Bei den Ägyptern war sie Gelb, bei den Persern Braun und bei den Zigeunern Rot. Eine bunte Farbenpracht im Trauerreich, warum aber dann gerade Schwarz hierzulande?

Die Nacht ist dunkel, wenn auch nicht gerade schwarz, aber so finster, daß Schwarz im Kontrast zum lichten Tag die Farbe der Nacht wurde. Genauer gesagt: die Nichtfarbe. Schwarz - wie übrigens auch Weiß - sind ja physikalisch gesehen unbunte Farben, die das Licht entweder zurückwerfen oder schlucken. Aus der Zuordnung zur Nacht jedenfalls kam das Synonym mit der Heimlichkeit, deshalb reden wir von der Schwarzarbeit und vom Schwarzmarkt, vom Schwarzfahren, Schwarzschlachten oder Schwarzbauen.

Aber Schwarz war auch die Kennzeichnung des Teufels - der „Schwarze Mann" - und der Hexen, mit einer schwarzen Katze als Wappentier, sowie bestimmter Götter und Dämonen, deren Wohnsitz unter der Erde angenommen wurde. Ihr Kult wurde in schwarzer Kleidung gefeiert. Priester, Herrscher, Henker, die Justiz, sie alle tragen seitdem schwarz, aus der Kult- wurde die Amtskleidung. Und vor allem: Schwarz wurde zur Männerfarbe. Sowohl die italienischen Faschisten, die Schwarzhemden, bevorzugten den Ton, wie auch die Existentialisten des 19. Jahrhunderts. Von Baudelaire bis zu der englischen Punk-Gruppe The Stranglers. Schwarz ist die Modefarbe der Intellektuellen, und wenn man Architekten oder Künstler auf einem Haufen trifft, dominiert eindeutig Schwarz.

Es wurde zum Markenzeichen der Rebellen und der Einzelgänger, auch wenn sie nicht gerade unterwegs sind zu einer Beerdigung. Denn da erscheint es selbstverständlich: Trauer, Bestattung, Friedhof, hier dominiert Schwarz, als Symbol der Unterwelt, die als Ort der Toten gedacht wurde.

Das Sterbezimmer wurde schwarz ausgeschlagen, den Leichenwagen zogen Rappen, Bahre und Sarg waren schwarz - das alles erscheint selbstverständlich, es hat ja mit dem Toten selbst zu tun. Aber wieso erscheint die ganze Trauergemeinde in Schwarz?
Wir halten es für Pietät und Anteilnahme. Dabei ist es eher eine Schutzfarbe, denn wir haben Angst vor den Toten, daß sie wiederkommen und Schaden anrichten. Der Tote als Wiedergänger ist ja nicht nur eine Figur des mittelalterlichen Aberglaubens, sondern bis in die Hollywood-Produktionen und Videoclips sehr lebendig geblieben. Die Trauernden wollen sich in ihrer schwarzen Kleidung verbergen. Das steckt dahinter, sich schwarz verkleiden, um unerkannt zu bleiben, wenn die Dämonen nach neuen Opfern Ausschau halten.

8. Kapitel

Kalendergeschichten

Der blaue Montag

Montags machen die meisten blau, das behaupten wenigstens die Arbeitgeberverbände. Vor allem montags feiern die Arbeitnehmer krank und das heißt, um im Bild von „Bild" und Blüm zu bleiben, sie machen sich einen schönen Tag. Auf Kosten der Kassen natürlich und ihrer Kollegen und zu Lasten der Arbeitgeber. Sie machen montags blau, sagt man, aber stimmt das auch?

Der Streit um den blauen Montag ist nicht neu. Seit mehr als 500 Jahren kennen die Historiker den Konflikt, denn schon im späten Mittelalter erkämpften sich die Handwerker das Recht, an diesem Tag freizumachen, zu baden, sich zu erholen oder in der Gesellenvereinigung sich zu treffen. Das war ein Ausgleich für die oft überlangen Arbeitszeiten, denn meistens wurde „bei Licht" gearbeitet, von Sonnenauf- bis Sonnenuntergang. Diesen freien Tag bezeichneten die Zunftgesellen deshalb als den „Guten Montag", und natürlich haben die Meister behauptet, der Tage diene in Wirklichkeit nur der Trunkenheit, dem Fraß und dem Spiel. Doch das war Stimmungsmache, und schon damals wurde vorgerechnet, was ein arbeitsfreier Tag den Betrieb koste.

Mit dem Aufkommen der Fabriken wurden den Handwerkern die alten Sitten ausgetrieben. In der Industriegesellschaft war kein Platz für traditionelle Privilegien wie den freien Montag. Nach langen Kämpfen war er Ende des 19. Jahrhunderts endgültig verschwunden - bis in jüngerer Zeit Gesetze und Tarifverträge den Arbeitnehmern das Recht auf „freie Zeit" zuerkannten. Heute heißt das „Urlaub".

Warum allerdings dieser gute Tag der blaue Montag heißt, dafür gibt es verschiedene Erklärungen. Die einleuchtendste hängt mit den Färbern zusammen. Solange die blaue Farbe aus dem Waid, einer Kreuzblütlerpflanze, gewonnen wurde, mußte die Wolle erst einen Tag im Färbebad liegen, dann an der Luft oxydieren, damit sie ihren vollen Ton entwickelte - das wurde am Wochenende gemacht -, und schließlich trocknen, einen ganzen Tag lang - am Montag - und die Gesellen hatten frei. Manche erzählen auch, die Oxydation konnte durch Harnstoffe beschleunigt werden, und so tranken die Gesellen viele Kölsch oder Pils, um die Harnproduktion anzuregen, den sie dann in Form von Urin dem Färbebad beigaben. Wenn die Tücher und Stoffe dann montags in der Sonne trockneten und allmählich blau ausfärbten, dann waren die wackeren Färber schon längst blau.

Warum allerdings noch heute, zweihundert Jahre später, die meisten Krankschreibungen tatsächlich auf den Montag fallen, das hat wohl kaum mit der Handwerkertradition sondern eher mit der Statistik zu tun. Am Freitag hören die Leute auf zu arbeiten, auch die Ärzte, und wer am Samstag oder Sonntag krank wird, der muß warten und geht montags zum Arzt. Und wenn er krank geschrieben wird, kann er eben nicht arbeiten: ab Montag!

Freitag, der 13.

In Paris, erzählt der Schriftsteller Georg Simmel, gab es Anfang dieses Jahrhunderts den Beruf des Quatorzième, des Vierzehnten. Dieser hielt sich stets passend gekleidet zur Dinerstunde bereit, um kurzfristig eine Tischgesellschaft von 13 Teilnehmern um eine Person auf 14 zu erweitern. Abgesehen von einem sicherlich guten Menü hatte der Mann eine einträgliche Beschäftigung durch die Angst und den Aberglauben seiner Mitmenschen. So ist es selbstverständlich, daß in einem Hotel auf Zimmer 12 das 14. folgt oder bei Autorennen keine Startnummer 13 ausgegeben wird. In Stuttgart war bei der Landtagswahl 1992 z. B. kein Kandidat auf Platz 13 zu finden. Warum das alles, woher die Angst vor der 13 und besonders an einem Freitag?

Der Freitag als Unglückstag basiert auf einer alten Tradition. Allerdings genau umgekehrt. In Rom war dies der Tag der Göttin Venus, im Italienischen „Venerdi", der Venustag. Die Germanen polten ihn um auf ihre Göttin Freyja, und daraus wurde unser Freitag. Er galt als fröhlicher und glücklicher Tag, günstig für die Liebe und für die Ehe.
Die Christen machten daraus mit Hinweis auf den Todestag Jesu einen Fast- und Trauertag. An einem Freitag soll sich auch Judas aufgehängt haben. Abergläubische Menschen haben freitags weder gesät noch gebuttert, kein Vieh eingekauft und nicht einmal den Stall ausgemistet. Am Ende wurde der Freitag zum Hexentag, womit sich zwar die alte Tradition als Tag der Frauen gehalten, aber unterm Einfluß der Kirche ins Gegenteil verkehrt hatte.

Mit der 13 ist es ähnlich. In frühen matriarchalen Kulturen war der Jahreskalender am Mondumlauf orientiert, 13 Mondmonate mit jeweils 28 Tagen wurden gezählt. Feministische Historikerinnen nennen das den Menstruationskalender und erklären damit die heidnische Ehrfurcht vor der 13 wie umgekehrt den christlichen Abscheu vor der Zahl. Jesus saß mit seinen 12 Jüngern beim letzten Abendmahl und der 13., Judas, hat ihn verraten. Oder war Jesus selber der 13. und der Verrat die theologisch notwendige Voraussetzung für Kreuzestod und Erlösung? Wer weiß.

Die Vorstellungswelt um Zahl und Datum ist stark symbolisch, läßt sich aber jenseits aller Mythen auch auf die Mathematik des Duodezimalsystems, der älteren Rechenweise, zurückführen. Die Zwölf war eine runde Zahl, das Dutzend Ausdruck der Vollkommenheit, der Ordnung. Die 13 ging darüber hinaus und wurde symbolisch die böse, die Hexenzahl, so wie die 11 davor blieb, unvollkommen, eben die Zahl der Narren.

Wie auch immer: Mit dem Freitag und der 13 verbinden sich vom Aberglauben hochkontaminierte Bilder. Die Verbindung der beiden jedoch, das ist kein Zufall. Der Mathematiker Hans Bekic hat die letzten 400 Jahre unseres Kalenders untersucht, und tatsächlich fällt der 13. öfter auf einen Freitag als auf jeden anderen Wochentag. Das ist zwar nur eine Abweichung von 0,4 Promille - aber statistisch gesehen reicht's.

Valentinstag: der 14. Februar

Anfang Februar sind die holländischen Gewächshäuser fast leergefegt, die Floristen haben Hochkonjunktur und die Preise für Schnittblumen sind heftig gestiegen. Am 14. ist Valentinstag, da schenkt „man" Blumen. Alle kennen das, obwohl es erst vor rund 20 Jahren aus Amerika importiert wurde, von der Blumenindustrie propagiert.

In Amerika sind es übrigens nicht nur Blumen, sondern auch kleine Geschenke, die am Valentinstag überreicht werden: Valentine Greetings. In England, woher die Sitte ursprünglich stammt, waren das Anfang des Jahrhunderts oft kleine Briefchen, bisweilen Liebesgedichte, die anonym verschickt wurden. Eine noch ältere Tradition hat den Valentinstag als Schicksalstag für die Liebe gesehen. Die Frau, der man am Morgen als erster begegnete, war die Auserwählte für ein ganzes Jahr. Aber warum eigentlich?

Der Heilige Valentin, der Tagesheilige, gibt zur Erklärung wenig her. Abgesehen davon, daß es zwei verschiedene Valentine gibt, die beide an diesem Tag verehrt werden, sind sie ziemlich grausig ums Leben gekommen, der eine mit Knüppeln erschlagen, der andere geköpft. Und zuständig sind sie für Epilepsie oder helfen bei der Pest.

Nein, man muß, um das Geheimnis der Blumen zu ergründen, einige Schichten tiefer graben, bei den Römern. Mitte Februar wurden nämlich im alten Rom die Lupercalien gefeiert, ein Fest der sexuellen Freizügigkeit zu Ehren des Gottes Lupercus. Der Februar war ohnehin der heilige Monat der Juno Februata, der Göttin des „Liebesfiebers". Junge Männer wählten ihre Partnerinnen für erotische Spiele, indem sie „Billets" zogen, kleine Zettel mit dem Namen einer Frau. Natürlich verurteilten die Christen solche unanständige Libertinage als „heidnischen Hurenbrauch" und versuchten, die Namen von Heiligen oder kurze Predigten auf den Billets zu plazieren. Und dafür erfanden sie Heilige, wie den Valentin, der natürlich eine abenteuerliche, d. h. blutrünstige Vita liefern mußte, und - wie es der Zufall wollte - haargenau an diesem Tag ums Leben kam. Und sie versuchten überdies, den Tag schlecht zu machen, indem sie ihn zum Geburtstag von Judas erklärten.

Aber die Kirche hatte nur mäßigen Erfolg, denn die ältere Tradition brach durch, und Valentin wurde sogar zum Schutzheiligen der Liebenden. In einer seiner Biographien erscheint er als schöner römischer Jüngling, der genau in dem Augenblick hingerichtet wird, in dem seine Liebste einen Liebesbrief erhält. Ein paar Jahrhunderte später war er dann zuständig für Liebeszauber und Liebestrank und gilt bis heute neben den Patronaten gegen Pest und Epilepsie als Patron der Jugend, der Verlobten oder für eine gute Hochzeit.

1. März: Der Schalttag

„Ich befehle den Einschub eines Monats, wann immer ich bemerke, daß dem Jahr ein Mangel anhaftet." Diese Anordnung des babylonischen Königs Hammurabi vor fast 3700 Jahren ist eine fast lyrische Beschreibung eines Defizits, das im Prinzip nicht behebbar ist. Das Jahr, wie wir es kennen, ist an der Sonne orientiert: der Zeitabstand einer Umdrehung der Erde um die Sonne. Die Monate dagegen sind an die Mondphasen angelehnt. Der Tag wiederum ist von Sonnenauf- und -untergang bestimmt. Die Summen von Jahr, Monaten und Tagen passen aber nicht restlos übereinander, es bleibt immer ein Rest, „ein Mangel", wie Hammurabi sagt. Sein Befehl, einen Monat einzuschieben, entspricht der immer gleichen Methode, den Mangel zu kompensieren: durch Schaltzeiten.

Das können Monate sein, wie im babylonischen Kalender, oder auch Tage, wie bei uns, um Ungleichheiten zwischen Kalender und Natur auszugleichen.

Bei uns ist das der 29. Februar, aber nur alle vier Jahre, wenn die Jahreszahl durch vier teilbar ist. Zur Feinabstimmung sind die Jahre mit zwei Nullen am Ende von dieser Regel allerdings ausgenommen, außer sie sind durch 400 teilbar. Das Jahr 2000 wird also geschaltet, während es im Jahre 1900 unterblieb.

Die Methode einer Zeitschaltung kennen die Kalender aller Kulturen, wenngleich sie ganz verschieden damit umgehen. Die Ägypter wußten von dem Problem, ignorierten es aber, da der für sie entscheidende Termin der jährlichen Nilüberschwemmung durch den zur selben Zeit erscheinenden Abendstern Sirius angekündigt wurde. Das reichte und das wechselnde Datum war ihnen egal. Einen Rest dieser Denk-weise kennen wir auch mit dem jährlich schwankenden Osterdatum, dessen Festlegung ja auch von Sonnenwende und Mondstand abhängt. Die Priester der Maja konnten ebenfalls bis auf wenige Sekunden genau die jährliche Zeitdifferenz bestimmen, behielten die Schwankungen aber aus machtpolitischen Gründen für sich. Die Muslime kennen heute noch eigene Schaltjahre: Elf von 30 Kalenderjahren; und der jüdische Kalender zählt den Monat Adar, der dem April entspricht, in bestimmten Jahren doppelt.

Das alles sind im großen und ganzen Korrekturen an den Systemen der Kalendereinteilung. Die Römer machten das schon sehr früh, indem sie zwischen dem 23. und 24. Februar einen ganzen Schaltmonat einfügten, den Mercedonius. Erst die Julianische Kalenderreform unter Cäsar hat die Monate verlängert, von 28 auf 30 bzw. 31 Tage, vom Mondumlauf also abgekoppelt und einen einzelnen Schalttag alle vier Jahre eingeführt. Es blieb immer noch ein jährlicher Rest von knapp 12 Minuten, der dann 1600 Jahre später durch die Gregorianische Kalenderreform auf ein Jahresdefizit von 26 Sekunden minimiert wurde. Aber das braucht uns nicht zu stören, denn erst nach 3300 Jahren werden sich die Sekunden zu einem neuen Tag summiert haben.

Daß unser Schalttag der 29. Februar ist, hängt wiederum mit dem Jahresanfang zusammen. Der Februar war der letzte Monat des römischen Kalenders, und da wurde am Schluß einfach ein Tag angehängt. Dies hat bis heute Bestand, auch wenn sich nach vielen Varianten mit dem Neujahrstermin, vom 24. Dezember über den 6. Januar und den 23. März allmählich und weltweit der 1. Januar als Jahresanfang durchgesetzt hat.

Fronleichnam

Das Fest am 60. Tag nach Ostern, das in Bayern und in Baden, im Rhein- und im Sauerland, in den überwiegend katholischen Regionen also gefeiert wird, ist eines der ersten originär christlichen Feste im abendländischen Feiertagskalender. Ältere Veranstaltungen wie Himmelfahrt, Weihnachten oder Ostern entstanden aus einem Amalgam unterschiedlichster Traditionen und haben zahlreiche vor-, außer- und nebenchristliche Riten und Vorstellungen in sich vereint.

Bei Fronleichnam dagegen gibt es ein echt christliches Gründungsdatum: Die belgische Nonne Juliana von Lüttich sah im Jahr 1209 in einer Vision den Vollmond mit Flecken und interpretierte dies als Symbol der Kirche, der ein Fest zur Verehrung der Eucharistie fehle. Ein Bekannter von ihr, der Lütticher Erzdiakon Jakob von Troyés führte daraufhin flugs ein neues Fest in der belgischen Provinz ein, und als er später als Urban IV. Papst in Rom wurde, ordnete er das Fest sogleich für die ganze Kirche an.

Das sind die historischen Daten. Aber diese Veranstaltung entsprang einem aktuellen Bedürfnis, Fronleichnam lag sozusagen im Zeitgeist. Es ist kein Zufall, daß das Fest, wie es heute noch gefeiert wird, mit Umzügen, Fahnen und Altären, aus Köln stammt. Köln war seinerzeit eine katholische Metropole und wenigstens in diesem 13. Jahrhundert auch urbaner Mittelpunkt für Handel, Kultur und Politik. Eine Weltstadt eben. Fronleichnam entsprach einem Selbstdarstellungswunsch der städtischen Bürger- und Handwerkerschaft, außerhalb der Liturgie, die ja vom Klerus bestimmt wurde, die eigene urbane Religiosität öffentlich zu demonstrieren. Die Zünfte und Bruderschaften waren denn auch die sozialen Träger der Veranstaltung.

Zugleich war Fronleichnam eine kirchliche Antwort auf die Angriffe der Ketzerbewegungen des hohen Mittelalters und reagierte auf die theologischen Streitereien um den wahren Charakter des christlichen Kultes: Ob die ausgestellte Hostie realiter oder symbolisch als „Gott" gesehen werden muß, der Streit um die sogenannte „Transsubstantiationslehre".

So ist schließlich auch die Geschichte der Monstranz eng mit der Festgeschichte verknüpft. Auch dies kein Wunder im heiligen Köln, denn Vorläufer der Monstranz sind durchsichtige Schaubehälter, „Ostensorien", gefüllt mit Reliquien. Und Reliquien, wie auch ihre kostbaren Kästen, die Reliquiare, hatte die Domstadt am Rhein in unendlicher Fülle zu bieten. Nicht nur mit den Resten der Stadtpatrone und Lokalheiligen; sondern durch die wundersame und geschäftstüchtige Vermehrung der heiligen Knochen produzierten die Kölner eine solche Fülle und schufen einen international begehrten Exportartikel, der der heimischen Ökonomie zugute kam und zugleich den Ruf Kölns als Abbild des Himmlischen Jerusalem begründete. Keine Frage: Was man hat, das läßt sich sehen.

Die Nulltage nach dem 30. Juni

Der Juni endet mit dem 30. Tag und der Juli beginnt mit dem ersten. Das ist banal, dazwischen ist nichts. Bisher jedenfalls nichts. Aber es gibt die Idee, an dieser Stelle „Null-Tage" oder „Weiße Tage" einzuführen. Sie sollen genau in der Jahresmitte an den Juni angehängt werden, einer im Normal- und zwei im Schaltjahr, sollen aber weder dem Juni noch dem Juli gutgeschrieben, sondern gar nicht gezählt werden. Sie haben kein Datum, sind „Null-Tage". Natürlich wird das den Leuten Probleme machen, die an diesem Tag geboren werden, denn wer feiert schon gern Geburtstag ohne Datum. Doch die Vorteile, die die Kalenderreformer mit ihrer Idee versprechen, seien viel größer.

Es sind vor allem die leichten Ungenauigkeiten unseres jetzt schon über 2000 Jahre alten Kalenders, die manche Leute stören. Trotz aller Anpassungen mit den Schalttagen ist das Jahr immer noch 26 Sekunden zu lang, die Monate haben verschieden viele Tage, jedes Jahr und jeder Monat fängt mit einem anderen Wochentag an und Ostern schwankt in einem Zeitraum von fünf Wochen und damit auch alle beweglichen Feste wie Karneval vor- oder Pfingsten hinterher.

Schon die französischen Revolutionäre versuchten mit einem radikal veränderten Kalender die Sache glatt zu kriegen, sind aber gescheitert. In der Russischen Revolution wurde es wieder probiert, und es war ebenfalls vergeblich. Seit den zwanziger Jahren existiert - erst beim Völkerbund, heute bei der Uno - eine Kalenderkommission, die über 200 Reformvorschläge ausgewertet und schließlich nach langen Debatten den Vorschlag mit den Nulltagen gemacht hat. Weltweit stellt sich die Kommission ein immer gleiches Jahr

von 52 Wochen à 7 Tagen vor, macht zusammen 364 Tage, und der 365. (resp. 366. im Schaltjahr!) käme dann als Nulltag ohne Zählung hinzu. Die Monate beginnen immer mit dem gleichen Wochentag, wie auch der 1. Januar immer auf den gleichen Tag fällt. Wenn die Reform kommt.

Ein italienischer Priester, Marco Mastrofini, publizierte 1834 als erster diese Idee. Bei der Statistik, der internationalen Wirtschaft, den global operierenden Banken und den großen Verwaltungen fand sie Zustimmung, stieß aber auf den heftigen Widerstand der Juden, Muslime und der christlichen Kirchen. Das 2. Vatikanische Konzil gab eigens eine kritische Erklärung dagegen ab.

1956 legte die Uno die Kalenderreform schließlich für unbestimmte Zeit auf Eis. Neben allen religiösen Traditionen ist es vor allem ein Argument: Die Woche wäre damit unterbrochen! Der Nulltag wäre ja kein bestimmter Tag und die Woche ist die älteste Zeiteinheit der Menschheit. Monate, Jahre, Schaltzeiten, alles ist schon unterbrochen oder in Reformen verschoben worden, doch die Aufeinanderfolge der Wochen wurde seit mehr als 4000 Jahren niemals unterbrochen.

Nun denken wir selten in solchen Dimensionen, sondern planen immer gerade fürs nächste Jahr. Aber auch das würde simpel: ob Ferienplanung, Feiertagsberechnung oder Karnevalstermine, alles steht fest, keine Varianten mehr. Die Überraschungen des Kalenders wären der Glättung zum Opfer gefallen. Da nimmt man vielleicht lieber die 26 Sekunden am Jahresende in Kauf.

Weihnachten

Von dem byzantinischen Historiker Caesarea Prokop stammt der älteste Bericht über das „Mittwinterfest", das in kälteren Breitengraden Ende Dezember gefeiert wurde: „Die Nordländer senden Boten auf die Gipfel ihrer höchsten Berge, und wenn sie die wiederkehrende Sonne erspähen, schreien sie laut, daß in fünf Tagen das neue Licht in die Täler dringen wird." Und dann gab es ein riesiges Fest.

Weihnachten nennen wir das heutzutage, während die Römer diese Veranstaltung als Saturnalien bezeichneten. Im Tempel des Saturn wurden Lichter angesteckt, Banken und Gerichte waren geschlossen, man beschenkte sich, die Sklaven waren für einen Tag frei und durften zum Zeichen ihrer begrenzten Gleichheit einen Hut tragen. Nur die Metzger und Bäcker hatten massenhaft zu tun, denn es war ein Fest mit umfangreichen Fress- und Saufereien.

Das alles kommt bekannt vor, wenn auch mit anderem Namen. Im kirchlichen Kalender wurde an die Stelle der Saturnalien das Fest der Geburt Jesu gelegt. Vergleichbares läßt sich von Indern und Ägyptern, aus Karthago oder Babylon berichten. Immer und überall wurde um diese Zeit der Sonnenwende im Winter heftig gefeiert, und die Geschichten, die sich die Menschen erzählten, ihre Mythen,

sind auch ähnlich: Licht, Feuer, Helligkeit spielt eine Rolle und oft ein neuer Gott. Die Ursache der Feierlaune ist einsichtig: In dieser Zeit liegt der kürzeste Tag und es folgt die längste Nacht des Jahres. Auch wenn es noch lange nicht sichtbar ist, so weiß man doch, daß es allmählich wieder heller wird. Hinzu kommen die kalten Füße und die laufenden Nasen, daß wir uns sehnsüchtig auf Sonne, Helligkeit und Wärme freuen. So beziehen sich alle Feste und Riten um diesen Tag herum auf den 21. Dezember: vom Barbaratag und Nikolaus Anfang Dezember an über Lucia und Weihnachten bis Neujahr und zu den Heiligen Drei Königen. Immer finden sich historische oder symbolische Bezüge zur Jahreszeit, ob grüner Tannenbaum und lärmende Silvesternacht, ob schenkender Nikolaus oder Lucias Lichterkranz. In unseren Breitengraden sind hierin römisches Brauchtum, germanische Tradition und christlicher Kult eine mythologisch unentwirrbare Gemengelage eingegangen.

Im „Handbuch des deutschen Aberglaubens" ist der Festfolge dieser Tage das größte Kapitel gewidmet. Bei dessen Lektüre kann auch die Klage über den Streß von Weihnachtsrummel und Feiertagsfolge nicht mehr verfangen. Das gab's immer schon, ausufernd und gemütstreibend. Neu ist eigentlich nur die elektrische Beleuchtung.

Massenhaft Enden

Der erste Januar als Jahresbeginn ist vergleichsweise jung, rund 400 Jahre in unseren Breitengraden. Er stammt aber schon aus römischer Zeit. Im alten Rom begann am 1. März das neue Jahr, weil an diesem Tag die Beamten ihr Amt antraten. Mit der Julianischen Kalenderreform wurden Dienstbeginn und Neujahr auf den ersten Januar vorverlegt. Über die kaiserlichen Kanzleien des Mittelalters kam das Datum 1000 Jahre später in unseren Kalender.

Davor und daneben gab es zahlreiche andere Starttermine wie den 6. Januar, das Fest der Erscheinung des Herrn, heute der Tag der Heiligen Drei Könige, oder den 13. Januar, der bis in unser Jahrhundert im Züricher Oberland als Neujahrstag begangen wurde. Doch ob 1., 6. oder 13. Januar, diese Daten hängen alle mit der Wintersonnenwende zusammen, der entscheidende Wechsel in der Natur markiert zugleich das neue Jahr.

Eine andere Tradition sind die Frühlingsdaten, wie der 1. März im alten Rom - daher kommt übrigens auch der Schalttag am letzten Februar, der wurde einfach ans alte Jahr angehängt - und weitverbreitet der 25. März, Mariä Verkündigung. An diesem Tag, neun Monate vor Weihnachten, beginnt die Schwangerschaft und damit das sogenannte Marienjahr, für das sich vor allem die Zisterzienser einsetzten. In den italienischen Städten war es weitverbreitet, und in Florenz schaffte es erst 1745 ein kaiserliches Dekret ab.

In die Frühlingstradition gehört auch Ostern als Jahresanfang, im Mittelalter weitverbreitet. Das neue Jahr begann am Karsamstag mit der Weihe der Osterkerze. Das war zwar liturgisch exakt der Punkt der Auferstehung, gab aber kein festes Datum ab, da Ostern ja bekanntlich ein bewegliches Fest ist. Und so konnte sich auch dieser Jahresanfang für den bürgerlichen Kalender auf Dauer nicht durchsetzen. Ähnliche Starttermine im Frühling gibt es in vielen Kulturen, wie z. B. das Neujahrsfest im Iran, oder die Kurden, die in der Zeit der gleich langen Tage und Nächte im März feiern.

Im Sommer dagegen läßt sich kein Neujahr finden, mit Ausnahme der altägyptischen Zählung, die am 24. Juni begann, aber dann durchs Jahr wanderte und erst alle 1460 Jahre exakt zurückkehrte. Im Herbst dagegen stehen Jahreswechsel en masse an, vor allem nach dem orientalischen und jüdischen Kalender. In dieselbe Jahreszeit fällt Neujahr auch im französischen Revolutionskalender am 22. September, aber das war ein politisches Datum, der erste Tag der neuen Republik des Jahres 1792. Ähnlich haben auch andere Systeme politische Daten eingeführt, wie die italienischen Faschisten den 28. Oktober, den Marsch auf Rom, als ihren Jahresanfang und zugleich Beginn einer neuen Zeitzählung oder die Bolschewisten den Tag der Oktoberrevolution.

Die letzte Feiermöglichkeit nach unserem Kalender bietet dann Weihnachten, im karolingischen Mittelalter auch ein verbreiteter Neujahrstermin. Die Geburt Jesu hielt man für das entscheidende Datum und den Beginn des Jahres. In manchen Regionen hat sich diese Tradition gehalten. In Köln etwa berichtet der Ratsherr Herman Weinsberg noch Mitte des 16. Jahrhunderts von zwei widerstreitenden Terminen: Weihnachten und dem 1. Januar. Aber er half sich pragmatisch aus der Klemme: er selber feierte zweimal.

Arbeit statt Feiern in der DDR

In den alten DDR-Kalendern findet sich unter dem 10. Mai ein „Tag des freien Buches" und am 8. Mai ein „Welttag des Roten Kreuzes", neben dem „Tag der Befreiung vom Hitlerfaschismus" natürlich. Eine Woche früher war „Welttag der Partnerstädte" notiert und eine Woche darauf konnten die Bürger der DDR einen „Fernmelde-" sowie den „Internationalen Museumstag" feiern.

So ging es weiter in der Deutschen Demokratischen Republik, deren Bürger zwar früher wenig von der Welt sahen, aber viel zu gedenken hatten: am 21. März den Internationalen Tag für die Beseitigung der Rassendiskriminierung und am 23. März den Welttag der Metereologie, am 27. März folgte schon der Welttheater- und am 7. April der Weltgesundheitstag, am 18. April der Internationale Denkmalstag und am 24. der Tag der Jugend und Studenten - und so geht es weiter durch das Jahr mit Kindern, Umwelt, Solidarität und Frieden, mit der Musik, der Post oder der Ernährung. Eigentlich fehlte nur der Weltspartag, aber der kam ganz schnell nach der Wiedervereinigung.

Doch die Kalendermacher der DDR haben nicht nur die internationale Perspektive bedacht, sondern jeder heimische Werktätige konnte sich wiederfinden im jährlichen Gedächtnisreigen: So war der 11. Februar der Tag der Werktätigen des Postwesens, der 18. Februar für die Mitarbeiter des Handels, der 1. März der Tag der Nationalen Volksarmee und der 8. April der Tag des Metallarbeiters, am 10. Juni waren die Eisenbahner dran und zwei Tage darauf die Lehrer, am 16. die Wasserwirtschaft und am nächsten Tag die Forstwirtschaft. So ging es weiter über die Bauarbeiter und Bergleute, die Seeschiffer bis zu den Werktätigen der Leichtgüterindustrie. Ja wirklich, ihr Tag war der 20. Oktober.

Nur im völligen Gegensatz zu diesen uferlosen Gedenktagen stehen die tatsächlichen Feiertage. Neun Stück zählt der alte DDR-Brockhaus auf, und davon sind noch zwei gepfuscht, Ostern und Pfingsten, die ja bekanntlich immer auf einen Sonntag fallen, und beim Rest sind solche Selbstverständlichkeiten zu finden wie der 1. Mai, Neujahr und Weihnachten. Mit ganzen sieben arbeitsfreien Feiertagen jährlich rangierte der Arbeiter- und Bauernstaat am Ende der europäischen Skala, unterboten nur noch von der Türkei mit fünfen, während Lichtenstein, Finnland oder Spanien mit 16 bis 18 freien Tagen auf mehr als das Doppelte kommen. Viel Ehre hieß im realen Sozialismus offensichtlich auch viel Arbeit. Es gab nur einen einzigen originären DDR-Feiertag, den 7. Oktober als Gründungstag der Republik, und ausgerechnet den hat man direkt nach der Wiedervereinigung abgeschafft: am 3. Oktober!

Das älteste Datum der Welt

Wir sind es gewöhnt, ein Datum in Tagen, Monaten und Jahren auszudrücken. Wenn es ganz genau wird, auch in Stunden, Minuten und Sekunden. Jedenfalls ist es uns selbstverständlich, Zeit in unterschiedliche Dimensionen einzuteilen. Anders in der mittelamerikanischen Kultur der Mayas. Sie zählten nicht nach Jahr und Monat, sondern waren so fasziniert vom gleichmäßigen Ablauf der Tage, der ständigen Wiederkehr von Hell und Dunkel, daß sie ihren Kalender nach diesem Rhythmus einteilten: 20 Tage waren ein Uinal, 18 Uinal ein Tun, 20 Tun ein Katun usw. bis zum längsten Zeitmaß, dem Baktun. Es entsprach 144.000 Tagen. Obwohl Monat und Jahr nicht zählten, war damit auch das Datum erfunden. Zeitabstände ließen sich ausdrücken und Geschichte konnte geschrieben werden. Das erste Datum der Mayas ist der Beginn ihrer Zeitzählung, in unserer Rechnung der 8. September 3114 vor Christus.

Ein anderer Kontinent, eine andere Kultur: die Ägypter. Ihr Kalender reicht noch weiter zurück, und von ihnen stammt das wahrscheinlich älteste Datum der Menschheit. Der 28. August des Jahres 4241 vor Christus, der Tag, mit dem der ägyptische Kalender beginnt. Für die Ägypter spielte die Sonne die entscheidende Rolle, von ihr hingen die Über-schwemmungen des Nils ab, und damit hing in Ägypten alles zusammen: Geometrie, Fruchtbarkeit, Ökonomie und die Politik.

Nun kannten die Ägypter keine Schalttage; Sonnenumlauf und Kalenderdatum klafften bald auseinander und der Termin der Nilüberschwemmung wechselte in jedem Jahr. Aber das machte nichts, das jährliche Signal der kommenden Flut war Sirius, oder wie sie sagten: Sothis, der hellste Stern im Bild des großen Hundes. Sein Aufgang kurz vor Tagesanbruch über der Wüste ist immer genau zu der Zeit zu beobachten, wenn die Nilflut ansteht. Das Ereignis war den Ägyptern so wichtig, daß damit das neue Jahr mit Sothis begann, der „Eröffnerin". Nach unserem Kalender der 17. Juli.

Es gibt noch ein drittes „ältestes Datum", ein jüdisches, der 7. Oktober 3761 vor Christus, doch dies ist eher mythologischer als kalendarischer Natur. Nach der jüdischen Vorstellung wurde an diesem Tag die Welt erschaffen. Aber das ist allein schon deswegen schwer möglich - jedenfalls nicht die ganze Welt -, da der ägyptische Kalender schon mehr als 600 Jahre alt war und damit, wie man annehmen darf, auch Ägypten.

9. Kapitel

Luther und die Bibel

Die Leviten lesen

In der Erzählung „Sieg Sieg" von Erich Kuby kommt eine Passage vor, in der ein Oberst seine Untergebenen zusammenstaucht: „Er stellte sich hinter der Windschutzscheibe auf und las seinen Männern die Leviten." Natürlich hätte Kuby auch schreiben können, der Oberst habe sie zurechtgewiesen, ihnen eine Lektion erteilt bzw. eine Strafpredigt gehalten oder, fürs Militär ganz adäquat, er hätte sie zusammengeschissen. Aber nichts ist so bildlich, so fremd und doch ganz geläufig wie „Er las ihnen die Leviten".

Die Redensart stammt aus dem Mittelalter. Im 8. Jahrhundert muß es zu einer ziemlichen Verwilderung des katholischen Klerus gekommen sein. Die Priester machten, wozu sie Lust hatten, und nicht, was die Kirche von ihnen verlangte. Vom Zölibat war seinerzeit ja auch noch nicht die Rede. Der Bischof von Metz, Chrodegang, übrigens der Nachfolger des berühmten Bonifatius, schuf nun zur Bändigung seiner verkommenen Diener eine strenge Regel nach Art der Klöster. Die Kleriker mußten zusammen leben, schlafen, sich regelmäßig treffen zu Gebet und Bußübungen, und dann las ihnen der Bischof regelmäßig nach der Morgenandacht aus der Bibel vor, am liebsten aus dem 3. Buch Moses des Alten Testaments. Das handelt nämlich vom Dienst der Priester und dem Kult im Tempel. Und weil damit bei den Juden die Angehörigen des Stammes Levi betraut waren, erhielt das Buch mit den Vorschriften und Regeln ihren Namen, das Buch Leviticus. Weil Chrodegang im Anschluß an die Lesung regelmäßig eine ermahnende oder strafende Rede hielt, seine Männer zusammenstauchte, haben sie sich diese Stelle besonders gut gemerkt, denn das war immer nach dem Buch Leviticus: er hat ihnen die „Leviten gelesen".

Das Verb kam an und zeitweilig war „der Levit" auch als Substantiv geläufig. Der „derbe Levit", das war der Tadel, der Verweis oder die Ermahnung. In dieser Wortbedeutung gibt es eine auch heute noch, fast 200 Jahre nach ihrer Niederschrift, besonders anschauliche Passage bei Theodor Körner, dem damals als Patrioten gefeierten Dichter der Freiheitsbewegung gegen Napoleon:

„Erinnre dich, bruder welch lockeres leben
der lockere Wachtel von jeher geführt;
du hast mir zwar immer leviten gegeben,
doch hat mich das immer sehr wenig genirt."

Und das ist immer noch die Wirkung. Der eine liest die Leviten und der andere hört nicht zu.

Das geht auf keine Kuhhaut

Eines Tages in grauer Vorzeit, so berichtet der römische Schriftsteller Vergil, gelangte eine Königin namens Dido auf ihrer Flucht nach Nordafrika, wollte sich dort niederlassen und kaufte den Bewohnern so viel Land ab, „wie eine Kuhhaut umschließt". Das könne nicht viel sein, dachten sich wohl die Leute, aber dann kam der Trick. Dido ließ die Haut in hauchdünne Streifen schneiden, die aneinandergeknüpft genügend Land umschlossen, um hier eine Stadt zu gründen, die Stadt Karthago. „Das geht auf keine Kuhhaut" hätten die Verkäufer jetzt verwundert sagen können.

Können, denn erstens war es zu spät, Vertrag ist Vertrag, und zweitens kannten sie diese Redensart noch gar nicht. Sie ist jünger und hat mit der List Didos nichts zu tun. Wenn wir sie heute gebrauchen - in dem qualitativen Sinne: „das geht auf keine Kuhhaut", das ist kaum zu glauben, zu unwahrscheinlich, oder in der eher quantitativen Bedeutung: es ist zuviel -, dann beruht das auf einer ganz anderen Geschichte.

Jakob von Vitry, ein Bischof in Palästina, erzählt im 13. Jahrhundert von einem Priester, der während des Gottesdienstes einen Teufel mit seinen Zähnen an einem Pergament zerren sieht. Auf Nachfrage erklärt der Teufel, er müsse die Schreibfläche vergrößern, sie reiche nicht aus, um das ganze Geschwätz und alle Sünden aufzuschreiben, die während der Messe passierten. Und das sei notwendig, um es als Beweismaterial zu sichern für das Jüngste Gericht. Im Mittelalter hat diese Geschichte in der moralischen Predigtliteratur eine große Rolle gespielt. In vielen Varianten kommt der informelle Mitarbeiter des Himmels vor, dem die Speicherkapazität nicht reicht und selbst das größte Stück Pergament, von einer Kuh, zu klein ist, um alle Sünden zu erfassen. Üblicherweise wurden die Pergamente zum Schreiben aus Schafs- oder Kalbshäuten gemacht. Und wenn das schon für ein Sündenregister nicht reichte, dann mußte einer schon eine Menge auf dem Kerbholz haben.

Oft wurde diese Geschichte auch bildlich dargestellt, um sie dem meist analphabetischen Publikum zu veranschaulichen, wie etwa in einem Fresko in St. Georg auf der Insel Reichenau. Allerdings hier in einer Variante, die heute so nicht mehr unkritisiert durchginge. Da sieht man vier Teufel mit Zähnen und Klauen an einem Tierfell zerren und einen fünften, der schreibt und schreibt, daß alles bereits dicht bedeckt ist. Und darüber die Sünder, oder genauer gesagt: Sünderinnen, drei Frauen, die die Köpfe zusammenstecken. Die Botschaft ist eindeutig: Die Frauen schwätzen in der Kirche, tratschen soviel, das paßt auf keine Kuhhaut. Klar, die Männer kommen nicht vor, die kommen erst gar nicht in die Kirche. Die gehen in die Wirtschaft gegenüber und quatschen und quatschen, daß es auf keine Kuhhaut geht.

Da beißt die Maus keinen Faden ab

Ich hatte einen Griechischlehrer, an den ich mich gut erinnere. Ein kleiner aber energischer Mann, wie es oft bei kurzen Leuten ist. Und wenn immer es zu Diskussionen über die Zensuren kam, beendete er den Disput mit dem Spruch: „Da beißt die Maus kein Faden ab." An der fünf in der Klassenarbeit - denn darum ging es meistens - wird nichts geändert, basta.

Natürlich hatten meine Noten mit Mäusen nichts zu tun, auch nicht mit Fäden. Doch auch andere Versuche, die Redensart zu erklären, führen nicht viel weiter. Die Literaturhistoriker erzählen gern die Fabel vom Löwen und der Maus, die den in einem Netz gefangenen König der Tiere befreit, in dem sie Faden für Faden zerbeißt. Andere erinnern an den Schneider, der auch nicht das kleinste Stück vom Stoff eines Kunden beiseite schafft, bei dem beißt also nicht einmal eine Maus etwas ab, und Rationalisten verweisen auf die schlechte Zeit der Hungersnot, in der kein Krümel für eine Maus übrig blieb.

Tatsächlich steht die Redensart im Zusammenhang mit der Heiligen Gertrud von Nivelles. Ihr Feiertag, der 17. März, ist ein wichtiges Datum im bäuerlichen Kalender. Wenige Tage vor dem Frühlingsanfang ist der Winter vorbei. Damit sind auch die typischen Hausarbeiten wie Weben und Flechten zu Ende und Feldbestellung und Gartenarbeit sind jetzt angesagt. Eine Bauernregel erinnert daran: „Gertrud mit der Maus, treibt Spinnerinnen aus." Auf vielen Bildern ist die Heilige am Spinnrad zusammen mit den niedlichen Haustieren dargestellt. Die Mäuse sitzen zu ihren Füßen, knabbern am Faden oder laufen die Spindel hinauf. Im Volksglauben geriet die populäre Heilige an das Patronat gegen Mäuse, aber auch gegen Ratten und anderes Ungeziefer in der Landwirtschaft. Das steigerte natürlich noch ihren Wert in der bäuerlichen Kultur. In Köln, wo man ja, religiös gesehen, immer schon etwas hinter der Zeit herhinkte, gab es noch im Jahre 1822 anläßlich einer großen Mäuseplage eine Bittprozession zur Getrudenkapelle, damals in der Nähe des Neumarkts, bei der die Kölner der Heiligen Gertrud als Votivgaben kleine silberne und goldene Mäuse brachten.

Die christlichen Moralprediger haben natürlich auch eine Legende zum Motiv erfunden, bei der die Maus das Sinnbild des Bösen ist und als verkleideter Teufel die Heilige von der Arbeit ablenken will, die sich natürlich nicht irritieren läßt. Aber das ist alles Quark. Gertrud ist die Frühlingsheilige, die Maus ihr Symboltier und die Redensart meint ganz einfach: Schluß aus, der Winter ist vorbei, Ende mit der Stubenhockerei, „da beißt die Maus kein Faden ab".

Perlen vor die Säue werfen

In mittelalterlichen Kirchen findet man unter den Schnitzereien im Chorgestühl oft die Parabel über die Perlen, die den Säuen vorgeworfen werden. Da ist z. B. ein Bauer dargestellt, der wie ein Sämann mit weitausladenden Gesten die kostbaren Steine den Schweinen hinwirft, oder ein Kaufmann mit einem ganzen Korb voller Perlen, die er gerade im Schweinestall auskippt. Die Botschaft war klar und der Apostel Matthäus hat ja die Bußpredigt Jesu recht plastisch überliefert im 7. Kapitel seines Evangeliums: „Gebt das Heilige nicht den Hunden und werft eure Perlen nicht den Schweinen vor." Wir gebrauchen diese Redensart heute, wenn wir denken, daß wir etwas Schönes und Gutes sinnlos verschleudern.

In der griechischen Fassung der Bibel ist an dieser Stelle von „margaritas" die Rede, was Luther mit Perlen übersetzt hat. Nun haben jüngere Exegeten darauf hingewiesen, daß es in der byzantinischen Kirche die Tradition gab, das geheiligte Brot in kleine Brocken zu zerkrümmeln und die wurden griechisch „margaritas" genannt, dasselbe Wort also für Perlen und Brotkrümmel. So wäre die Stelle also sinngemäß zu übersetzen: „Werft den Hunden nicht das geheiligte Fleisch und den Schweinen nicht das geheiligte Brot vor." Und diese Interpretation gewinnt an Gewicht, wenn man bedenkt, daß in der jüdischen Tradition die Tiere Symbole der Unreinheit sind und bis heute besonders das Schwein in vielfacher Weise als Synonym für Schmutz und Dreck gebraucht wird.

Der Jesuskritiker Hans-Conrad Zander hat jedoch noch eine ganz andere Möglichkeit der Quelleninterpretation angeboten. Danach hat Jesus die homosexuellen Tempeldiener in den kanaanitischen Heiligtümern gemeint, die dem Tempel in Jerusalem Konkurrenz machten. Sie trugen nämlich Hundemasken und auf sie sei das Fluchwort Jesu gemünzt gewesen, wenn er befahl, „ihr sollt das Heilige nicht den Hunden geben und eure Perlen nicht den Säuen vorwerfen ..." Jesus war für Zander ohnehin eine extrem aggressive Person, den die Theologen im nachhinein zum Apostel der Sanftmut uminterpretiert hätten.

Wie dem auch sei, es geht um die Perlen, die „margeritas", von denen übrigens auch unsere Margeriten den Namen haben, weil man die Formen der Blüten als Perlkörperchen gesehen hat. Und da schließt sich der Kreis zur Margarine, die als künstlicher Butter einen besonders vornehmen Namen haben mußte, um vom schlechten Geschmack abzulenken, als man sie 1866 in Paris erfand, die Perle im Haushalt sozusagen, oder in biblischen Termini: „Ihr sollt die Margarine nicht an die Schweine verfüttern!"

Den Teufel mit dem Beelzebub austreiben

Im 2. Buch der Könige wird von einem israelitischen Regenten namens Achasja berichtet, der bei einem Hausunfall zu Schaden kam. Er fiel nämlich durch das Gitter seines Obergemaches. So heißt es im Alten Testament, und er wurde leidend. Man weiß heute nicht mehr, was das für eine Baulichkeit war, vielleicht war es der Abtritt oder ein Hochbett, vielleicht war er auch betrunken. Wer weiß? Jedenfalls schickte er einen Boten ausgerechnet zu dem Gott seiner Feinde und bat um Hilfe. Offensichtlich traute er dem mehr zu als dem eigenen, worüber der wiederum sauer war und dem verletzten König Achasja prophezeien ließ, er werde nicht mehr vom Krankenbett aufstehen.

Mit Erfolg, denn Achasja starb. Aber lassen wir ihn einmal beiseite und auch den eifersüchtigen Gott des Alten Testaments, interessant ist der Name des Konkurrenten, Baal Sebub. Als Götterfürst taucht er hier zum ersten Mal auf, verehrt in der phönikischen Stadt Ekron, doch nach und nach verschlechtert sich sein Image in der Bibel. Er wird erst zum Dämon, wird später als „Herr der Fliegen" verspottet und im Neuen Testament wird Baal Sebub schließlich als Beelzebub zum Synonym für den Teufel. Als Jesus einmal einen Besessenen heilte, der zudem noch blind und stumm war, warfen ihm die Pharisäer vor, er treibe die Dämonen aus diesem vom Schicksal rundum geschlagenen Menschen mit Hilfe von Beelzebub aus. Er habe also nur den einen Teufel durch den anderen ersetzt. Und dahinter steckte natürlich der Vorwurf, er stecke mit dem Chef der Teufel unter einer Decke.

Da haben wir zum ersten Mal die Redensart, und wenn wir heute davon sprechen, den Teufel mit Beelzebub auszutreiben, dann geht es immer noch um ein Übel, das durch ein noch schlimmeres ersetzt wird.

Krethi und Plethi

Wann immer die Könige Israels in gefährlicher Mission unterwegs waren, hatten sie ihre besonderen Leute mit, die Kreter und Peleter. Als David aus Jerusalem floh und später nach der siegreichen Rückkehr Jagd machte auf seinen Gegner Scheba; oder als Salomo im Eilverfahren zum König gesalbt wurde, um seinem Bruder den Thron wegzuschnappen, immer waren die Kreter und Peleter dabei. Das berichten die Bücher der Könige im Alten Testament. Martin Luther hat in seiner berühmten Bibelübersetzung diese Leute übersetzt mit „Leibwächter". Bei so hochpolitischen oder militärischen Angelegenheiten mußten besonders verläßliche Männer den König beschützen.

Die Angehörigen dieser Leibwache wurden aus speziellen Stämmen rekrutiert, den Süd- bzw. Nordphilistern. Auch das klingt plausibel. Bestimmte Völker gelten ja als besonders kriegerisch und scheinen darum als Leibwächter besonders gut geeignet. Aber daher rührt dann auch - das ist die Kehrseite der Medaille - der schlechte Ruf, den die Kreter und Peleter gehabt haben. So wie heutzutage die Sicherheitsbeamten. Die gelten als rücksichtslose Burschen, denen man alles mögliche zutraut. Auf die historischen Leibwächter wird unsere Redensart von den „Krethi und Plethi" zurück-

geführt, womit wir eben Gesindel und Pöbel meinen, einen zusammengewürfelten Haufen, mit dem wir nichts gemein haben. So erklärt das bekannte Wörterbuch der deutschen Sprache von Friedrich Kluge den Begriff, und Georg Büchmanns „Geflügelte Worte" erläutern, daß es sich um „ausländische Söldner" gehandelt habe.

Allerdings, da beginnt der Zweifel. Waren das wohl geeignete Leibwächter? Holt sich ein König als Schutztruppe ausgerechnet Ausländer, Fremde an seinen Thron? Gut, der Papst macht das mit seinen Schweizern. Aber waren nicht gerade diese Philister, denen die Kreter und Peleter zugerechnet werden, die Dauerfeinde des Volkes Israel?

Tatsächlich bedeutet im Hebräischen „krethi" „ausrotten", „töten", und „plethi" wird übersetzt mit „entfliehen", „forteilen". Die Krethi und Plethi waren tatsächlich die Scharfrichter und die Eilboten des Königs, aus dem eigenen Volk natürlich, und es ist klar, daß sie immer in seiner Nähe waren, für eine schnelle Hinrichtung oder um Befehle zu übermitteln. Deshalb wurden sie gefürchtet und gemieden. Und daher erklärt sich der Unterton der Verachtung. Mit denen will man nichts zu tun haben, nicht gemein sein, nicht mit Krethi und nicht mit Plethi.

Honig um den Bart schmieren

In China wurde früher, und das seit uralten Zeiten, ein Herdgeist verehrt, den jedes Haus und jede Familie kannte. Bisweilen wurde daraus auch ein Küchengott, bis in unsere Zeiten eine der populärsten Gottheiten bei den Chinesen. Ihm wurden reichlich Opfer gebracht, war er doch zuständig für den Segen auf dem Haus, das gute Essen, die Gesundheit, das Feuer im Herd und ähnliche entscheidende Dinge des Alltags.

Die Geschenke an den Herdgeist resp. Küchengott nahmen gegen Jahresende zu, denn dann werde er in den Himmel steigen und über die Hausbewohner Bericht erstatten. Die Götter brauchten eben Informationen über die Menschen. So wie wir es in christlichen Breitengraden vom Nikolaus ja auch gewohnt sind, daß er die relevanten Sünden und Verfehlungen notiert hat, wenn er mit seinem Kumpel Ruprecht Anfang Dezember auftaucht. Jedenfalls, die Chinesen wußten das auch, der informelle Mitarbeiter des Himmels war namentlich bekannnt und so versuchten sie ihn günstig zu stimmen, um die Berichtslage zu verbessern. Und eine der beliebten Bestechungsmethoden, neben vielen Geschenken, war, dem Küchengott Honig auf die Lippen zu streichen.

Die süße Sitte ist von Seefahrern im Abendland berichtet worden und nicht in Vergessenheit geraten. Wenn wir davon sprechen, jemanden zu schmeicheln, vor allem einem, von dem wir abhängig sind, ihm Gutes tun wollen, dann sagen wir: man schmiert ihm Honig ums Maul oder auch um den Bart.

Das versteht ja auch jeder. Honig war immer schon, zu allen Zeiten und in allen Kulturen, der wichtigste Süßstoff lange vor dem Zucker, spielte in der Volksmedizin eine entscheidende Rolle, wurde auch vielfach als Opfergabe verwandt, neben Milch und Wein das wichtigste Symbol der Fruchtbarkeit. In germanischen Mythen wird geschildert, daß Neugeborene als erstes Honig zwischen die Lippen bekamen, als Zeichen ihrer neuen Lebenskraft. Honig ist eben ein Lebensmittel erster Qualität. In manchen Landstrichen galt der Honig sogar als Aphrodisiakum, wobei allerdings über die Art der Anwendung nichts Genaues überliefert wird. Schade.

Der Zeitpunkt übrigens, an dem die Chinesen ihrem Küchengott die Lippen versiegeln, ist der 25. Tag des letzts Monats im Jahr, der Tag, an dem der himmlische Schlußbericht anstand, und das ist bei uns der Weihnachtstag.

Matthäi am letzten

Am 21. September 1558 starb Karl V. in einem Kloster in der Estremadura. Der deutsche Kaiser hatte schon zu Lebzeiten zugunsten seines Sohnes auf den Thron verzichtet und sich gichtkrank ins sonnige Spanien zurückgezogen, war aber in seiner fernen Heimat immer noch so populär, daß das Publikum das kaiserliche Hinscheiden durchaus beachtete. Es war der „abent mathei", wie eine Magdeburger Chronik berichtet, der Todestag auch des Apostel Matthäus, als der Kaiser verschied. Und so kam ein deutscher Philologe, offensichtlich ein Verehrer Karls V., auf die Idee, mit dem kaiserlichen Sterbedatum die gleichlautende Redensart zu erklären.

Wir gebrauchen diesen Spruch „Mit ihm ist Matthäi am letzten" ja in der Tat, wenn wir sagen wollen, es ist aus mit einem, es geht zu Ende, aber auch, wenn sein Geld alle ist. Nun gibt es andere Sprachforscher, die den Hinweis auf Karl V. für falsch halten und stattdessen auf das Schachspiel verweisen. „Der König ist tot" heißt bei den Persern „schah mate", was bei uns mit der Übernahme des königlichen Spiels zum „Schachmatt" wurde. Und durch den Anklang an dieses Wort „matt" sei das „Matthäi am letzten" entstanden. Eine schöne Herleitung, und auch wenn sie wie bei Karl V. im Kontext königlichen Abgangs bleibt, sie ist an den Haaren herbeigezogen.

Es genügt ein Blick in die Bibel, ins Matthäus-Evangelium und zwar an den Schluß. Der Evangelist schildert die Himmelfahrt Jesu und wie er vorher noch einmal seine elf Jünger auf einen Berg nach Galiläa bestellt hat und ihnen hier ganz zum Ende mit dem großen Auftrag kommt, in alle Welt und zu allen Völkern zu ziehen, zu predigen und zu taufen. Und er schließt mit den Worten: „Seht, ich bin bei Euch alle Tage bis ans Ende der Welt."

Und genau diese Wendung wurde populär, wie so vieles in der Bibel durch die deutsche Übersetzung des Martin Luther, und man hat das Ende der Welt und das Ende des Evangeliums übertragen auf einen Menschen, wann immer es mit ihm zu Ende geht, eben „Matthäi am letzten".

Eine Antwort und zwei neue Fragen, oder: Wie häuft einer Wissen an?

An zwei Fragen erinnere ich mich genau. Die erste, woher die Redensart stammt „Mein Name ist Hase", und die zweite, wieso wir beim Feiern immer die Gläser anstoßen. Das mit dem Hasen wurde im Radio erörtert an Ostern, mit allen möglichen Ausflügen in die Welt der Hasen und Ostereier, und dabei kam auch ein Heidelberger Student namens Hase vor, auf den die Redensart zurückgeht. Aber ich wollte mehr wissen und stöberte als erstes in dem Standardwerk, das über 4000 Zitate versammelt, dem berühmten Büchmann, der 1864 das erste Mal erschien und inzwischen selbst zu einem feststehenden Begriff wurde, da er alle möglichen und unmöglichen Sprüche nach ihrer literarischen Herkunft sortiert und erklärt. Aber das reichte mir nicht, zumal es hier nur um feststehende Zitate geht, und ich stieß auf ein Lexikon des Freiburger Volkskundlers und Germanisten Lutz Röhrig, das alltägliche und umgangssprachliche Redensarten sammelt und erklärt. Das ist fast ein Geschichtenbuch mit Haupt- und Nebenlinien, mit weiterführenden Literaturangaben und - wo immer es geht - mit zusätzlichen Illustrationen. Als Ergänzung war auch der Duden nützlich, der die jeweiligen Redewendungen mit Hinweisen und Textstellen in der modernen Literatur anreichert. Und wenn ich dann sprachlich noch genauer in die Geschichte und Ableitung der Wörter einsteigen wollte, dann habe ich nicht das berühmte Wörterbuch der Gebrüder Grimm benutzt, das dem Fachgelehrten sicher sehr nützlich, aber für den Laien (jedenfalls für mich!) zu umfangreich und umständlich ist, sondern auf das Wörterbuch von Kluge, zurückgegriffen. Denn oft erschließt sich noch mehr über ein Zitat oder eine Redensart und ihre Bedeutung aus der Herleitung und Geschichte ihrer Wörter.

Geflügelte Worte. Der Zitatenschatz des deutschen Volkes gesammelt und erläutert von Georg Büchmann (37. Auflage 1990)

Lutz Röhrig, Das große Lexikon der sprichwörtlichen Redensarten (3 Bände, Herder-Verlag, Freiburg 1991)

Duden, Redewendungen und sprichwörtliche Redensarten (Duden Band 11, Mannheim 1992)

Friedrich Kluge, Etymologisches Wörterbuch der Deutschen Sprache (21. Auflage Berlin 1975)

Mit diesen Hilfsmitteln und Nachschlagewerken war ich zwar literarisch und sprachlich dem Hasen zu Leibe gerückt, aber inzwischen war meine Neugier gestiegen - nach dem bekannten Phänomen, daß jede Antwort auf eine Frage mindestens zwei neue Fragen produziert. Also, was hat es mit dem Tier sonst noch auf sich bzw. wäre auch dann eine umgangssprachliche Redensart entstanden, wenn der Student seinerzeit nicht Hase, sondern Lehmann oder Schmitz geheißen hätte?

Handwörterbuch des deutschen Aberglaubens. Herausgegeben von Hanns Bächtold-Stäubli (9 Bände, Nachdruck Berlin 1987)

Es gibt ein Lexikon, das solche und unendlich viele andere Stichworte erläutert bzw. ihren Zusammenhang mit alltagsrituellen Vorstellungen der Vergangenheit aufzeigt, das Handwörterbuch des deutschen Aberglaubens: Dieses monumentale Standardwerk, ausufernd bis in den allerletzten Nebenpfad populären Glaubens und Verhaltens, ist häufig wegen seiner fehlenden Stringenz und wegen seiner bisweilen völkischen Betrachtungsweise (erste Auflage von 1927 bis 1942!) und bei einigen Beiträgen auch Nähe zur nationalsozialistischen Ideologie kritisiert worden, aber es bleibt ein ungeheurer Fundus, den der neugierige und kritische Zeigenosse nutzen kann.

Barbara G. Walker, Das geheime Wissen der Frauen. Ein Lexikon (Deutsche Ausgabe, Verlag Zweitausendeins 1992)

Mit ähnlichem Gewinn habe ich ein kulturhistorisches Lexikon aus feministischer Sicht benutzt, das vor allem Namen und Objekte, aber auch Alltagshandlungen, historische Fakten und Personen durch seine ungewöhnliche Betrachtungsweise in einem anderen Licht zeigt. Gerade das, was uns in der christlich und männlich geprägten Abendlandsgeschichte so selbstverständlich ist, erscheint hier als ganz andere Möglichkeit. Daß der Osterhase zum Beispiel älter als das Christentum ist und als heiliger Mondhase der großen Göttin galt, das goldene Ei der Sonne legte, was wiederum mystischer Ursprung des österlichen Eierlegens sei. Man sieht, wohin man gelangt, ausgehend von einem Studenten in Heidelberg.

Aber ich hatte ja noch eine zweite Frage, die nach dem Gläseranstoßen. In den gängigen Lexika fand ich überhaupt nichts, weder unter „Bier" oder „Wein", noch unter „Fest" und „Feier". Da begann ich zu telefonieren, die zweite Methode meiner Recherchen, und fragte mich bei Historikern und Volkskundlern durch, bis ich in Bonn auf einen Experten stieß, der sich mit dem Trinken beschäftigt hatte. „Zuprosten" war das Stichwort, aber seit wann genau die Gläser aneinandergestoßen werden oder wer damit angefangen hat, das wußte er auch nicht. Das ist öfter vorgekommen, daß ich bei Experten keine Antworten bekam, warum auf der Landkarte der Norden oben ist, wieso Menschen in der Schlange stehen oder warum wir die Eier nicht mit dem Messer köpfen sollen. Die Rettung war dann ein befreundeter Psychologe, der mir aus seiner Sicht die Dinge erklärte.

Zu dem, was wir Alltagsverhalten nennen, das Selbstverständliche, das wir tun oder lassen, vor allem unserer aktuellen Gegenwart, gibt es kein Lexikon und kein systematisches Fachbuch, sondern ich mußte mich in vielen Gebieten umtun (und habe dabei übrigens wunderbare Bücher kennengelernt). Es gibt natürlich die Benimmbreviere, das gängigste von der Gräfin Schönfeldt, in dem die festen Regeln des „tut man nicht" erläutert werden.

Sybil Gräfin Schönfeldt, 1 x 1 des guten Tons. Das neue Benimmbuch. (39. Tausend, rororo-Taschenbuch 1996)

Aber es erklärt natürlich überhaupt nichts. Da nimmt man den Klassiker der Zivilisationsgeschichte zur Hand von Norbert Elias, der 1936 das erste Mal erschien, und der anhand des Verhaltens der europäischen Oberschichten seit dem Mittelalter - beim Essen vor allem, in den Körperäußerungen, der Nähe oder Distanz der Menschen zueinander - die langfristigen Veränderungen beschreibt, ihre Ursachen, Motoren und Wirkungen und das als Prozeß der Zivilisation definiert.

Norbert Elias, Über den Prozeß der Zivilisation (2 Bände, Suhrkamp-Verlag, 18. Auflage 1993)

Ähnlich grundlegend sind die Studien des amerikanischen Anthropologen Marvin Harris, der die Fülle seiner Thesen unter dem Titel „Menschen" zusammengetragen hat: Harris erklärt die Entwicklung der Menschen aufgrund der jeweiligen ökologischen und ökonomischen Bedingungen und führt das, was wir für anthropologische Konstanten halten, als jeweils historisch entstanden vor, so daß ethische Kategorien, wie ein bestimmtes Verhalten zu beurteilen ist, zurücktreten zugunsten der Frage, woher es stammt und wie es sich erklärt.

Marvin Harris, Menschen. Wie wir wurden, was wir sind. (Verlag Klett-Cotta, Stuttgart 1990)

Vieles in unserem Alltagsverhalten, vielleicht das meiste, hat mit dem Körper und dem Essen zu tun, und dazu gibt es dann eine Fülle von spezieller Fachliteratur, häufig auch Ausstellungs-Kataloge, die in Detailbeiträgen auf spezielle Fragen eingehen, vor allem aber immer unseren aktuellen Blick haben, auch wenn sie in der Kulturgeschichte durch ferne Zeiten oder Völker und deren Gewohnheiten schweifen.

Mäßig und gefräßig. Eine Austellung von A. Hürlimann und A. Reinighaus (Hrsg. vom MAK - Österreichisches Museum für angewandte Kunst, Wien 1996)
Oikos. Von der Feuerstelle zur Mikrowelle. Haushalt und Wohnen im Wandel. Herausgegeben von M. Andritzky (Anabas Verlag, Gießen 1992)

Sigfried Giedion, Die Herrschaft der Mechanisierung. Ein Beitrag zur anonymen Geschichte (Europäische Verlagsanstalt, Hamburg 1994)

Ernst L. Schäfer, Das Hand-Buch. Die Linke und die Rechte. Geschichte und Alltag unserer zwei Seiten (Droste-Verlag, Düsseldorf 1988)
Gernot Kocher, Zeichen und Symbole des Rechts. Eine historische Ikonografie (Verlag C. H. Beck, München 1992)
Jean-Claude Schmitt, Die Logik der Gesten im Europäischen Mittelalter (Verlag Klett-Cotta, Stuttgart 1992)

Vollständiges Heiligenlexikon. Herausg. von J. E. Stadler und F. J. Heim (5 Bände, Reprint Georg Olms Verlag, Hildesheim 1996)

Otto Wimmer/ Hartmann Melzer, Lexikon der Namen und Heiligen (Thyrolia-Verlag, 6. Auflage, Innsbruck 1988)

Zu manchen Fragen und Themen gibt es ganz spezielle Untersuchungen: Warum es als gesund gilt, spazierenzugehen oder weshalb wir morgens Kaffee trinken, wieso Männer sich täglich rasieren oder wie sie sich in der Toilette benehmen, seit wann es Zahnbürsten gibt und wer die ersten Massenduschen eingeführt hat. Meistens sind es Arbeiten von Sozialhistorikern oder Anthropologen. Umfassender ist hier, wenn es in den Bereich der Technik geht, eine Untersuchung zur Mechanisierung von Sigfried Giedion, die bereits 1948 in den USA erschien, und ein Pionierwerk über die Geschichte der Bewegung, ihrer Wahrnehmung, Darstellung und Veränderung ist. Danach ist die Mechanisierung, ob im Haushalt oder Bad, in der Fabrik oder auf dem Land, die entscheidende Voraussetzung unserer heutigen Lebensweise.

Vieles von dem, was wir als Verhalten bezeichnen, ist das Benehmen gegenüber anderen Menschen, ob Gruß oder Abschied, Freundschaft und Feindschaft; wie wir schwören, beten, den Finger heben oder den Vogel zeigen: es geht immer um Nähe bzw. Distanz. Manche Dinge sind uns so selbstverständlich, daß schon die Frage nach dem Warum komisch klingt. Warum geben wir die rechte Hand und nicht die linke? Das hat eine anthropologische Seite, aber auch eine kulturelle, für die es mancherlei Erklärungen und Ableitungen gibt, wobei mich besonders Studien über die religiösen Gesten sowie über die Symbole des Rechts auf neue Fährten gebracht haben.

Zu den Selbstverständlichkeiten des Alltags, die selten hinterfragt werden, gehören auch unsere Namen, die wir ja nicht als erste tragen, sondern die alle eine lange Geschichte haben. Auch wenn Namen Konjunkturen unterliegen, meistens stand am Anfang irgendeine verehrte Person, ein Heiliger oder eine Heilige, wie fromme Leute sagen. Dazu existieren eine Reihe von Lexika, und das umfassendste in deutscher Sprache ist das Standardwerk von Stadler, das ab 1858 in Nürnberg erschien und die ganze Fülle komischer, verrückter und wunderlicher Geschichten um unsere Namensvettern ausbreitet in einer Detailtreue, als ob der Autor niemals von den Gedanken der Aufklärung infiziert wurde.

Kürzer und sachlicher ist das entsprechende Lexikon von Wimmer, das überdies eine umfangreiche Geschichte des bürgerlichen und kirchlichen Kalenders enthält.

Wer es dann noch genauer wissen will, der sei auf das LCI verwiesen, das nahezu jeden Gegenstand, jedes Symbol oder Zeichen erläutert und in seinen wichtigsten Fundorten vorstellt, die man überhaupt nur in einer christlichen Kirche finden kann.

Und wenn ich dann in einem Museum stehe vor irgendeinem Bild mit einer dramatischen Geschichte um Mord, Liebe oder Leidenschaft, die ich trotzdem nicht verstehe, dann habe ich immer noch die Zusammenstellung der abendländischen Kunstgeschichte, die jede vorkommende Figur, ob aus der griechischen Mythologie, der römischen Geschichte, der Bibel oder die zahllosen Heiligen kennt.

Viele dieser Bücher sind mir im Laufe meiner Arbeiten über die alltäglichen Gewohnheiten und Rituale zugewachsen, oft empfohlen, manchmal bin ich durch Zufall darauf gestoßen oder wurde durch eine Fußnote hingewiesen. Ich habe viel Zeit in Bibliotheken verbracht und habe vor allem den Wert von Lexika schätzen gelernt. Je spezieller, um so besser, je älter, um so interessanter und je dicker, um so genauer. Allerdings eine Bibliothek, die nur Lexika enthält, die habe ich nicht gefunden. Also suche ich weiter.

Köln im April 1998
Martin Stankowski

Lexikon der christlichen Ikonographie, Herausgegeben von E. Kirschbaum (8 Bände, Herder-Verl. Freiburg, Sonderausgabe 1990)

Heinrich Krauss / Eva Uthemann, Was Bilder erzählen. Die klassischen Geschichten aus Antike und Christentum in der abendländischen Malerei (Verlag C.H. Beck, München 1988)

GRÜNE KRAFT
AKTIVITÄTEN

ULRICH HOLBEIN

TYPOLOGIE DER BERAUSCHTEN
DER GRÜNE ZWEIG 193

Dieses Buch kommt dreiteilig: ein wahres literarisches Tryptichon der Typologien der Voyeure, Asketen & Berauschten:

1. DurchschnittsSpanner, spirituelle, philosophische bzw. ästhetische und Tele-Voyeure, etc.;
2. der ÖkoAsket, der Hungerstreiker, der dünne Fakir & der dicke Mönch, die Emanze, der Energiesparer etc.;
3. der stets Nüchterne, Freizeitberauschte, Süchtige, Naturmystiker, Erleuchtungsmonster u.a.m.

Die sprichwörtliche Sprachgewalt des Sprachkolumnisten der Zeit hat selbigem schon viel Ruhm & Ehr' eingebracht.
"Einfallsreichtum, Witz und Spielfreude Ulrich Holbeins suchen in der deutschen Gegenwartsliteratur ihresgleichen." – *FAZ* – "Holbeins Bücher … bereiten … einen Spaß, den es seit Arno Schmidt in unserer Literatur nicht mehr gegeben hat." – *Klaus Modick, Frankfurter Rundschau* – "Gibt es etwas, das dieser lesewütige Autodidakt nicht

weiß? Witzig, kurios, anregend … Vergnügungswissenschaft für Leser." – *Rolf Michaelis / Die Zeit*
96 Seiten, ISBN 3-925817-93-X, 15 DM

ROLF SCHWENDTER

WEITERE LIEDER ZUR KINDERTROMMEL
DER GRÜNE ZWEIG 183

Liederbuch mit 96 Seiten, Vorwort von Carl-Ludwig Reichert, ISBN 3-925817-83-2, 15 DM

ROLF SCHWENDTER

ROSA LUXEMBURG IM BOTANISCHEN GARTEN
WEITERE LIEDER ZUM FREIEN GEBRAUCH
TRANSMITTER CD

25 Jahre nach seiner ersten Platte und 15 Jahre seit seinem ersten Liederbuch legt Dr. Dr. Dr. Rolf Schwendter seine gnadenlosen Nachfolgeprojekte vor. Die schräge Stimme, nur begleitet von einer Kindertrommel oder auf Tischkanten klopfenden Knöcheln, ist geblieben. Eine Art A-cappella-1-Mann-Chor, Slow-Rap oder Schnecken-HipHop, Solo Punk mit nicht einmal drei Akkorden. Und einer Kontinuität: daß die bestehenden Verhältnisse nicht gut sind, aber veränderbar. Erfrischend sozialkritisch & humor- & hoffnungsvoll.

Transmitter CD, ca. 60 Minuten, 25 DM
(Dank an den Bayrischen Rundfunk.)

WERNER PIEPER HRSG.

COPYRIGHT ODER COPYWRONG
DER GRÜNE ZWEIG 182

In der Schule lernt man, daß Abschreiben verboten ist. Aber spätestens seit Fotokopierer ein Volksmedium geworden sind, ist kein gedrucktes Wort mehr vor gnadenloser Verbreitung sicher. In den Netzen der elektronischen Medien, wie dem Internet, scheint es schier unmöglich, geistige Werke zu schützen.

"'Die Gedanken sind frei – wer will sie verbraten?' ist die Einleitung zu dieser lockeren und verständlichen Einführung in die Problematik des Urheberrechts überschrieben. Fachkundige Autoren aus

Publizistik, Musik und Kunst stellen die Geschichte des 'Geistigen Eigentums' aus ihrer Sicht dar."
Der Journalist, 8/97
Hey, (Mit-)Denken ist noch erlaubt! Unter den AutorInnen: R. A. Albrecht Götz von Olenhusen, John Perry Barlow, Werner Pieper, Wolfgang Neuss, Urban Gwerder.

128 Seiten, ISBN 3-925817-82-4, 15 DM

WERNER PIEPER HRSG.

WILLKOMMEN !
DAS HANDBUCH FÜR MULTI-KULTURELLE GASTFREUNDSCHAFT
DER GRÜNE ZWEIG 166

"Ist es aber nicht seltsam, daß wir oft von den Urlaubsländern unserer Ausländer schwärmen, auf der anderen Seite jedoch deren Existenz im eigenen Land, ein paar Häuser weiter, ignorieren?"
Haris Katsoulis
Willkommene Komplimente zu diesem Buch: "Ein Volltreffer!" B. John, Berliner Ausländerbeauftragte. – "Wer vom bloßen Anti-Ausländerfeind zum aktiven Fremdenfreund mutieren möchte, dem kann dieses Buch jetzt zur Seite stehen. Gastgeber Werner Pieper hat in diesem Ethno-Knigge alles zusammengestellt, was es für potentielle Fremdenfreunde zu beachten gilt." die tageszeitung
Das anregende Handbuch offeriert:

- Berichte über lebendige Gastfreundschaft aus aller Welt.
- Kein Rezeptbuch mit Standardlösungen von A–Z, sondern Fakten und Erfahrungen.
- Versuche des Verstehens & der Sensibilisierung.

Wie begrüßt man sich? Händeschüttelnd? Umarmend? Was kann man wem zum Essen vorsetzen? Wann ist z. B. Ramadan? Welche Tabus könnte man unbewußt verletzen? Wer feiert wann seine großen religiösen, kulturellen und nationalen Feste? Was heißt Danke & Bitte in der jeweiligen Sprache? Gilt es, auf bestimmte Gebärden zu achten? Was schenkt man wem?
Zu den Autoren gehören Richard Majchrzak, Achmed Khammas, Ludmilla Tüting, Molto Menz, Roman Schweidlenka, Werner Pieper, Jean Trouillet, Micky Remann u.v.a.m.

Illustriert mit Fotos aus der Sammlung "Kinder spielen mit der Erde", 216 Seiten in Format 20 cm², ISBN 3-925817-66-2, 25 DM